徒步環島臺灣

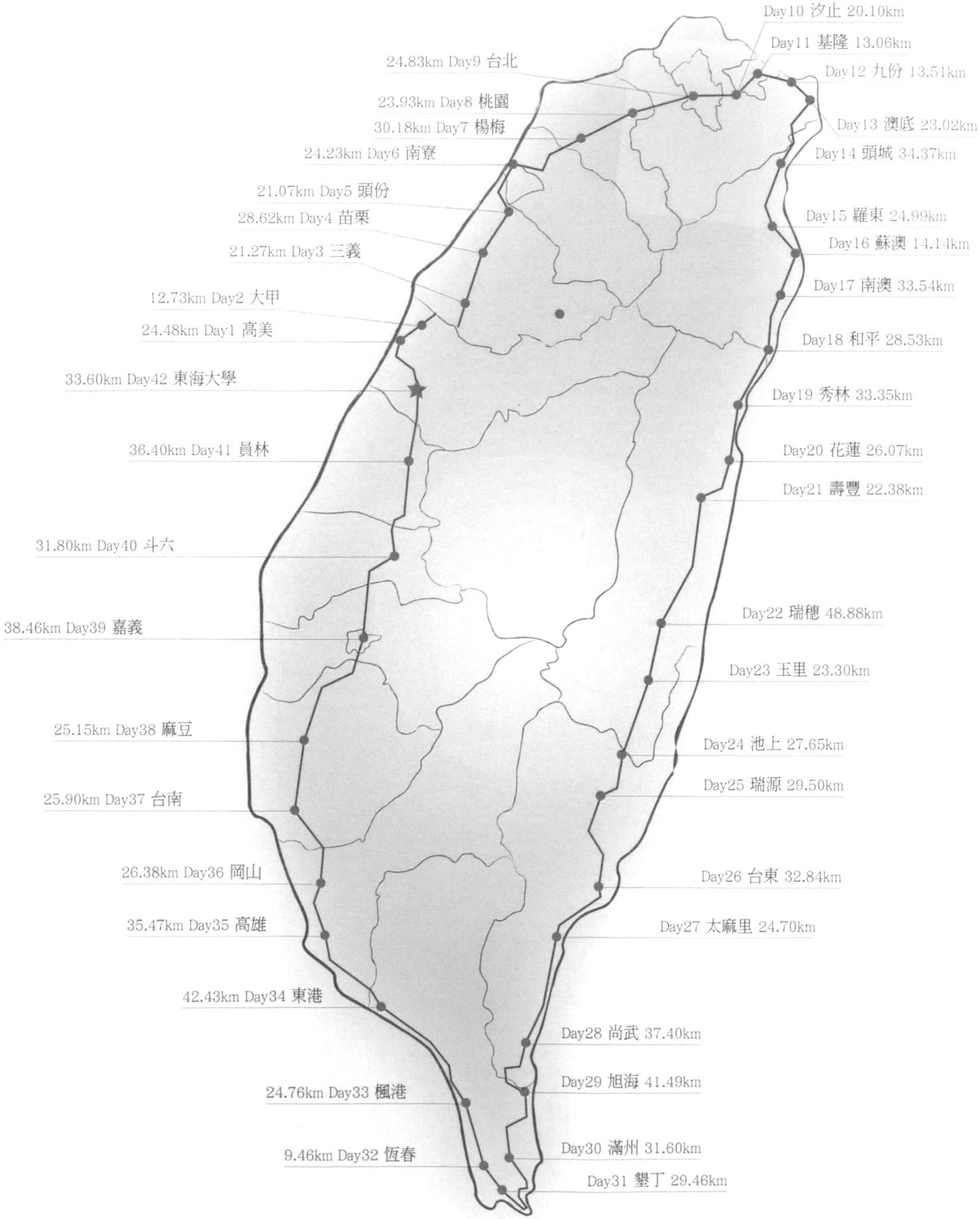
Day10 汐止 20.10km
Day11 基隆 13.06km
24.83km Day9 台北
Day12 九份 13.51km
23.93km Day8 桃園
30.18km Day7 楊梅
Day13 澳底 23.02km
24.23km Day6 南寮
Day14 頭城 34.37km
21.07km Day5 頭份
28.62km Day4 苗栗
Day15 羅東 24.99km
21.27km Day3 三義
Day16 蘇澳 14.14km
Day17 南澳 33.54km
12.73km Day2 大甲
24.48km Day1 高美
Day18 和平 28.53km
33.60km Day42 東海大學
Day19 秀林 33.35km
36.40km Day41 員林
Day20 花蓮 26.07km
Day21 壽豐 22.38km
31.80km Day40 斗六
Day22 瑞穗 48.88km
38.46km Day39 嘉義
Day23 玉里 23.30km
25.15km Day38 麻豆
Day24 池上 27.65km
Day25 瑞源 29.50km
25.90km Day37 台南
26.38km Day36 岡山
Day26 台東 32.84km
35.47km Day35 高雄
Day27 太麻里 24.70km
42.43km Day34 東港
Day28 尚武 37.40km
Day29 旭海 41.49km
24.76km Day33 楓港
Day30 滿州 31.60km
9.46km Day32 恆春
Day31 墾丁 29.46km

推薦序

陸人，卻不是過客。

作者親身體驗台灣年輕人熱血環島的壯舉，融入台灣的風土民情，以細膩的文字帶領讀者重新看見台灣之美，一睹台灣各角落的風采，喚起讀者重遊台灣，領略各處之美的慾望。

yam 蕃薯藤執行長 潘恆旭

跟著作者的腳步和眼睛一起環島，可以感受到一些身為台灣人平常不曾注意到的角度，不論好與壞，都是一個重新認識自己家鄉的機會！

隨著文字跋山涉水、淋雨流汗，1155公里的景色彷彿就在眼前那麼真實，看著看著，竟然不自覺的默默開始拿筆計劃下一次的環島之旅了！

外景節目主持人　惟毅

陸人甲路人乙

我深信，
只要我踏過這段路，生命中就會上演一部精彩的電影，
而我就是影片中的主角。

我需要這部屬於自己的獨一無二的電影，
它是我生活的必需品。

劉二囍

目錄

陸人甲
路人乙

自序

我是二十來歲的年輕人

明年的今天，我三十歲。

這兩年，我總是習慣對別人說，我還是二十來歲的年輕人。但是，當步入三十歲後，我知道我將不再年輕氣盛，即便我依舊擁有一顆年輕的心。雖然我不是很認同「再不瘋狂我們就老了」，因為我知道瘋狂的事情會在我的整個生命中持續發生，可我還是想趁著在二十多歲的年紀，多做一些瘋狂的事情，譬如徒步環島臺灣。

環島作為臺灣人的一種集體夢想，如今也已輻射到對岸，很多陸客對環行臺灣充滿寄情，蠢蠢欲動，紛紛將此列為行程。兩岸自由行開通以後，不少人利用短短的十五天完成了單車環島；而一些交換生或陸生，也利用課餘檔期實現了環島旅行。越來越多的人投身到環島之中，以致環島成了一個媚俗的夢，然而，即便它遍及眾生，卻依舊值得追影隨蹤。環島，在乎的不僅是沿途的一片片風景，而且是一段段不期而遇的故事，更是一種在路上燃燒激情的心情。環島已經遠超越了簡單意義的觀光旅行，它被賦予了熱血、勵志與夢想的內涵。而環島行，也成了青春與夢想的縮影。

我想，如果我是一個臺灣人，在年輕時沒有環島的經歷，那我的青春是可恥的。

而今，作為一位陸生，得幸久居於臺灣，我不僅要珍惜，更要利用。倘若問我在臺灣必須要完成的一件事，我會不假思索地回答兩個字：環島。看不了日月潭，進不了博物院，登不了阿里山，我可以無憾，但是如果缺少了環島，我會覺得在臺灣的這段時間是虛枉光年。只是，曾經在單車與機車之間徘徊不定；後來，索性選擇步行。這也算一個脫俗的方式，即便有不少大陸人實現了環島，卻沒有人能夠以徒步的方式完成，這給了我成為第一個徒步環島臺灣的大陸人的機會。既然瘋狂，那不如更瘋狂些，就讓挑戰、刺激與未知，來得更猛烈些吧。

我雖是陸生，但是我並非一個純粹的學生。在學校內的課堂裡讀書只是我的輔修課，因為我堅信，在臺灣，課堂以外的世界才是我的主要課堂。深入瞭解臺灣這個社會，對我而言，意義顯得更為重要。陸生這兩個字作為一個詞彙，在我眼裡，它的側重點是陸字，陸即為大陸，是相對於海峽兩岸而言。海峽是一堵牆，陸生是一扇窗，我始終覺得陸生的意義在於橋樑作用，而作為一個成功的橋樑，需要對兩岸都有深入的瞭解。而環島，則是深度探尋臺灣的一件利器。

一邊是對熱血青春盡情揮灑的暢想，一邊是對臺灣社會深度瞭解的欲望，於是環島對我而言，成為了一件必須要完成的事情。我慶幸，我雖不芳華正茂，卻依舊有著充裕的時間；我慶幸，我雖不身強體壯，卻依舊有著足夠的活力；我慶幸，我不朝氣蓬勃，卻依舊有著一顆年輕的心。

在二十九歲生日的這一天，我做出一個決定，徒步環島臺灣，我將用腳步丈量這個美麗島，在這座福爾摩沙上揮灑熱血，綻放第二春。這是我二十九歲的生日願望，也是我送給自己三十歲的禮物。從十月份起，我會集中用一個半月左右的時間在海岸線上飄晃。我不需要詳盡的路線與細微的規劃，我想，只要有一顆堅定的心，以及一雙健全的腿，這一圈一定可以成功。

我深信，只要我踏過這段路，生命中就會上演一部精彩的電影，而我就是影片中的主角。我需要這部屬於自己的獨一無二的電影，它是我生活的必需品。

作為一個寫手，在這期間，我會用圖片與文字記錄整個行程，最終會以一本書的形式呈現。你以為我在玩，其實我在工作；你以為我在工作，其實我在玩。把玩玩出意義，把工作做成樂趣，這一直是我孜孜不倦的追求。

寫於2013年8月20日

Day 00 前戲

拿定徒步環島這一主意已經是五十天前的事了，當時預計著十月份出發，而今天已經是九月的最後一天了。這段時間，我在心中，無數次暗示自己要趕在明天出發，因為我覺得一旦拖延下去，很可能會無限延期，以致遙遙無期，直至胎死腹中。

雖說是早就定下來的事，可是一直沒有精心籌備。就在前天，我才開始忙活著購置裝備，吃驚地發現要將戶外運動玩到專業水準，必須是非富即貴的人才能幹的事。由於時間倉促，我沒有精挑細選，只是一條快乾長褲就消耗了4200臺幣，而一雙快乾襪子、一條快乾底褲的代價分別是臺幣720元和1500元，這些在價格上都刷新了我的人生記錄。在選購了幾件基本物品後，我及時遏制住了衝動，放棄繼續購置更多其他的裝備；把自己躋身為專業玩家目前來看不切合實際，我還是接受業餘水準的現狀為妙。如果後面有必要增添的話，再在路途上陸續補充好了。

徒步環島並不是一件了不起的事，已經有不少臺灣人完成了此舉，它的成本無非就是時間、體力與耐力，以及些許財力作為經濟支撐，太多人可以擁有這些，它並不具備太大挑戰性。要說不同，那則是徒步環島臺灣的人群中，我是第一個大陸人。而作為一個外人，我的視角，與我眼中的風景，會與他們有所不同。

雖說不具備太多挑戰，但畢竟是一場考驗。實話說，我心中隱隱有著一些不安。擔心一個星期後，我並沒有如期出現在臺北，而是不堪疲憊打道回府歸返臺中；擔心天有不測風雲，我在孤立無援的逆境之中會催生挫敗與沮喪；擔心會思念這些日子在校園內最悠然自得的時光，以及我所牽掛的友伴。好在這些不安，只是短暫的瞬間，很快被洶湧而出對新奇與刺激的渴望所吞沒。

我不清楚每天要走多久的路，我不清楚每天要睡在何處，我不清楚每天會遇見誰和誰，但我知道，未知的前方，一定充滿著變數，以及坎坷。而坎坷，我所能預見的，無非是腿水腫腳磨泡、與陰雨天的抗爭、東海岸線上的滾石，以及從草叢裡躥出的粗蛇、路邊撲上來的野狗，這些我都有心理準備，其實，我最擔心的是脆弱的菊花舊恙復發開始惡化，這樣的話，整個行程很可能被拖拖拉拉，不過即便如此，也不能輕易被其拖垮。

半途而廢是人性的軟肋，在小事情上，我時而有犯，但是在大事情上，這是我的忌諱，從來沒有發生的，我會恪守下去。無論有著多少擔憂，我會始終胸懷一顆勇往直前的心。

寫於2013年9月30日

Day 01

千里之行 始於東海

日期／2013.10.01
天氣／晴天
腳程／24.48 km
路線／東海大學——高美濕地
夜宿／高美濕地戶外涼亭

選擇在十月一號出發，並非我的愛國情懷，這與六十四年前那天的節慶無關，作為陸生，在此岸不宜涉及政治，這是我心知肚明的。眼下，挑

在這一天出發，無非是討個十月份的首映禮。

東海大學算是這次行程的起點，在學校門口駐足了一會，見到兩個門衛，我試圖請他們幫我拍張照，算是出發前的留念，站立的那位示意自己在站崗而不便，讓身邊的另一位幫忙，正在忙活著擺弄手機遊戲的他望了我一眼，說上班期間不能幫人拍照，我憤憤地瞅了他一眼，心想這上班期間不能拍照卻能玩遊戲，要不是我剛出門圖個吉利不惹是生非，非上前質問不可。

出了學校大門，走上的便是臺中港路，這條路作為整個城市的脊椎，它用一條以火車站為起點的主幹道貫穿整個城市，路兩側的建築群幾乎肩負了整個城市的職能，現在已經易名為臺灣大道，平白無故改了名，這種往高端大氣走的手法，似乎有貪圖虛名之嫌。

有這麼一個說法，在臺灣的城市，駕駛一輛私家車，往開闊的方向開去，一個小時內，即可見到一望無垠的大海，如果想要登高望遠，反方向開去，一個小時內，蒼山翠綠必然會出現在眼前。我不清楚，在其他的城市這條法則適不適用，但至少在臺中，可以應驗。沿臺中港路，一路向西，盡端梧棲，便是臺中港腹地。走了將近十五公

里，抵達時，已近正午，躲入附近便利店歇息，剛剛走在路上的感覺還好，可是卸下背包，一陣腰酸背痛襲來，隨後，人困馬乏，趕緊用盆涼水澆醒自己，然後再上路，心想著不能被這種消極的感覺負面干擾，以免灰心喪氣。

剛再次動身，收到沉寂已久的前女友信息，非常提神。她祝我環島順利，一路平安，並追加了一段，說我在她通訊錄備註裡的名稱依舊沒變，感謝我讓她成長太多，她現在是別人口中很棒的女朋友，還順祝我幸福。我恍然覺悟，慈善可以是不知不覺中做的事，而我儼然不經意間轉型成了一個慈善家。曾經被我求婚成功的前女友，是別人口中很棒的現女友，這必然可以成為我狂奔暴走一段的理由。

往北走，是清水的方向，很快，海闊天空的景象就在眼底，這裡有臺中知名的旅遊景點高美濕地。臺中不是一個重要的旅遊城市，在旅遊景點上，似乎只有高美濕地與東海大學廣為人知了。但臺中是個宜居城市，譬如前幾天的颱風襲臺，說是二十年來最強烈的颱風，東部沿海以及南北兩端災情頗重，由於中央山脈的隔斷，太平洋的風在這裡便很難逞上威風，臺中雖做不到風平雨靜，但尚能安然無恙，民眾生命與財產不會被干擾影響。這是第二次過來了，上一次是一年前，今天高美濕地的風光依舊旖旎，我當下決定今晚露宿於此，放棄繼續北上。其實擱置之前的計畫，原因並非僅僅是風景秀美這種感性因素，除此以外，還有時間上來不及，更重要的是我的身體出了問題，由於之前沒有適度訓練與暖身，一下運動量過大，造成左腿肌肉勞損與拉傷，以致後三分之一路程我需要撐著登山杖來緩解。

陸人甲
路人乙

高美濕地的堤壩上有著供遊客觀景休憩的涼亭，這裡成了我的最佳棲息地。坐擁廣袤風光，讓我很快忘記腿腳的隱痛。不過，饑餓感還是難以抗拒，我就跑去旅客相對集中的區域，本來只是買上一份烤魷魚，結果老闆的朋友得知我是徒步環島臺灣的大陸人後，給予免費，然後一番煙酒招待，最後，反復叮囑如果夜間堤壩上風大的話，可以過來店鋪內的桌板上睡，他會幫我清潔乾淨的。阿伯阿叔的盛情，一掃我一早在校門口遭冷遇的陰霾，我不得不給他一個大大的讚。

今天的好運還沒有完。一位朋友特地趕來探班，送來精神支撐與物質保障，在得知我腿部傷損後，帶我過去旁邊的廟裡求個平安，順便找下附近有沒有商店可以買到藥品。商店沒有問到，但是在廟門口遇見了一位活菩薩，她從家中取出專業水準的敷藥免費贈予，無以回報，我們倆個加在一起估計說了二十句謝謝。有良藥護體，希望明天不會有大礙而影響到行程。

雖說今天遭遇身體上的小障礙，但有著這麼多正能量的趣事，讓我對接下來的路更期待，絲毫不允許氣餒。

現在我一個人倚坐在堤壩的亭子內，面朝著被黑濤吞沒的大海，借著餘光，可以看到碩大的風車齒輪依舊在搖擺，而我周邊空無一人，唯有一隻流浪狗相伴，這樣的夜晚，註定會在我未來的記憶裡經久回蕩。

Day 02

其實很想走 其實不想留

日期／2013.10.02
天氣／晴天
腳程／12.73 km
路線／高美濕地——大甲
夜宿／大甲大飯店

昨晚，一個人睡在海邊涼亭，臥擁廣袤無垠風光，乍聽意境，似乎會是幽夢一場，事實上並非如此。沒有恐怖片的陰影，沒有虧心事的負罪，風吹草動倒不會讓我擔

驚受怕，但是如果聽到腳步聲或者說話聲，我還是會馬上保持警惕與戒備，而且即便我沒有留意到，睡在我旁邊的那隻流浪狗也會用叫聲把我催醒，宛如這涼亭就是我們的一方世界，而我儼然就是這家園的主人一樣。

黃昏是高美濕地最美的時刻，其他時間相對黯然失色。日落以後，遊人基本散盡，可夜深人靜的時候它並沒有完全淒落，時而會有人光顧，由於我雖不用鬼故事庸人自擾，但也沒有大無畏的心態，警惕心造成我每隔一段時間就被擾醒，斷斷續續，睡到八點鐘，被大太陽曬到無法淡定，便起身。

想到昨天來探班的朋友專門從苗栗帶過來的麵包可以作為早餐，打開盒子一看，裡面已經螞蟻黑壓壓一片，只好作罷。跑到路邊，找到一個水龍頭，洗漱一番，與小黑狗道個別，然後準備再次上路。

走在路上，左腿還是有些酸痛，只是比起昨天已經好轉了不少，我該慶幸可以走動，不然我真不知如何是好。不過，今天我明顯放慢了節奏，不再給自己里程數的壓力，量力而行，先慢慢適應，然後在後程發力，這是可持續路線，不然太猛的話，撐不了一周就要打道回府了。

從高美濕地走往清水市區的這段路上，一片和美的鄉間田園風光，我每走上一段，就坐下來沉浸一番，這景色宛如臺灣小清新電影裡常常出現的片場。這段路，有一個醇美的名字，叫做溪頭路。如果可以忽略惡犬的存在，那這鄉間對我而言引力大大超越市區。然而，惡犬是無法忽略的，因為它無處不在。鄉下很多人家養著大狗，沿途只要遇到，它們基本就會對著我汪汪叫，每一次我都緊握登山杖，避免眼神交會，目不斜視地心驚肉跳走過。正在慶幸這個法則屢試不爽，前方卻碰到了難題。不遠處的路口，一群狗立在路中央，對著一個行動不便的殘障人士狂吠，他只好折返。我猶豫著上前幾步，遭到了同樣的待遇。這是我從來沒有過的感受，每一隻狗對我都心懷惡意。對於狗，我一直以來都持著寵愛的心態，此時此刻，這個種類已經晉升為我眼中最可恨的物種。我知道這一定是我的著裝惹的禍，可是背個大行囊的背包客會有那麼不像正常人類嗎？這個物種的眼力也未免太差了。為了化解眼前的僵局，我立在原地，思量了好久，覺得自己勢單力薄，即便有事先準備好的登山杖作為打狗棒，考慮到眼下自己腿腳不便利身手不夠敏捷，不宜冒險，便繞道過去街屋後的稻田，然後順著

水渠走了好一段距離，才繞開這一兇險。

憑著沿途的燈籠，看得出這裡近期在舉行觀音繞境的節日活動。臺灣民間有著紛繁的宗教活動，從沿途隨處可見的寺廟就可見一斑。在臺灣，影響力最大最廣的宗教活動非為期八天七夜的媽祖繞境莫屬了，這被視為享譽世界宗教界的一場盛會，活動的起點和終點都是位於大甲的鎮瀾宮，這也正緊鄰我今天的落腳點。

走了兩天，終於到了大甲，正當我歇了口氣，稍感欣慰時，竟看到一輛１６８號公車從身邊駛過，這可就是每天頻繁路過學校門口公交站的那一班，它的路線是從臺中車站到大甲，基本上涵蓋了我所有的行程，而我辛辛苦苦走了兩天，竟還沒有逃脫一輛公車的五指山。

原來，我只是才到大甲而已，還未出大臺中地區，前方，路漫漫。

從海角走到山崖

日期／2013.10.03
天氣／晴天
腳程／21.27 km
路線／大甲——三義
夜宿／僑成國小

昨天沒有露宿野外，安安穩穩地睡了個好覺。醒來後，第一時間伸縮了左腿，噴敷了朋友推薦的肌樂，經過一夜，感覺好多了。

我並沒有急著出發，因為今天

最重要的一件事情是減負。考慮背包負荷過重，這樣走下去很可能把自己搞垮。有兩個選擇，要麼買個手推車，要麼精簡裝備，一想到前者雖然會大大地減輕負擔，但是會影響造型，顯得過song（ㄙㄨㄥ）（siɔŋˋ，閩南語「俗氣」之意），還是決定選擇後者。為了使重量有明顯減輕，我把所有備用的物品剔除，更狠的是我連剃鬚刀把柄都捨棄，只留下了刀片。這樣整理下來，大概減去了全部荷載的三分之一左右，蠻有成效。

走去鎮瀾宮旁邊的7-11便利店，把篩選出來的物品寄回學校，背著憋下去一截的行囊，如釋重負，心滿意足地出發了。

今天的行程是要走到三義，需要從海線內切到山線。往北，不一會到了乾枯的大河，從河道與縱貫鐵路海線的交接點轉彎，然後一路往東，要一直走到縱貫鐵路山線附近，這一段路，有十公里以上，佔據了全天行程的一半。沿途，漫天遍野的卵石間，幾道蜿蜒的涓涓水流，很容易讓人略過。一片廣袤的灰白，如同無垠的大漠，只有一座座高架橋穿越河道，這種粗野的景色甚至讓我覺得很有違和感，畢竟臺灣往往給人青山碧水、玲瓏精細的印象，而此時的風景，與小清新

的氣質完全無關。不過，這絲毫不妨礙我對它的傾情，即便我要走的河道有冗長的十餘公里，卻絲毫沒有滋生我的視覺疲憊。倘若不是風沙太大，吹得我幾次險些倒下，固體顆粒頻繁朝我劈頭蓋臉，我很可能滯留更久。走完這段路，我也更加領會到風塵僕僕的含義；伸手一摳耳洞，掉下半斤灰。

接著要過義里大橋，橋下的這條河正是臺中與苗栗的分界線，這也算是有里程碑意義的一段路，走了三天，終於要告別臺中。這座橋沒有昨天走過的大甲溪大橋冗長和寬廣，我也沒有上一次獨自過橋的孤獨與落寞，更重要的是這裡有一個願意為我放慢速度的人，在我走到中段的時候，一輛機車追了上來，停在我身邊，一個小哥沖著我，問需不需要送我一程，我含蓄回絕。

跨過了腳下這座橋，再越過前面那座山，就是我的目的地三義鄉了。可是這並不是一時半會能完成的事，這一段路足足十公里，而較之前半段，後半程是枯燥的，一路的景色都無特色，均不入眼。我體力雖然尚足，但是經過半天的損耗，左腿的酸痛開始加劇，以致走起來有些一瘸一拐。在一個路口，一個阿叔端坐在機車上沖著我喊話，說告訴我你去哪，我來載你一下。我謝絕了他，示意自己在徒步環島，不方便坐車。在前面的一個紅燈處，我跟那個阿叔又相會了，我不好意思地向他點頭致意，他又開嗓了，說你都累成這樣了還逞強，快上來吧。我更不好意思了，連忙擺手。其實，我真擔心，再讓他軟磨硬泡幾次，我真的從了他。

終於，走到了距離三義中心不遠的二十份，沖著十份的情義，我把它作為了落腳地。進了一家餐館吃飯，店員一眼就識別出我是大陸人，她說她也一樣，不過是從廣東梅州來的。當得知我也出自廣東後，服務更加熱情洋溢了。問了周邊兩家民宿，客滿，於是在她的指引下，我來到了附近的一個國小校園。這裡有很特別的一點，到處都擺放著木雕，果然坐擁地理位置優勢，契合三義木雕的盛名。

這一會，我正躲在空曠校園內的架空層處，就著路燈的餘光，一個人靠著牆根，端詳著周邊黑乎乎的木雕，一個個張牙舞爪奇形異狀的，轉念一想，還挺嚇人的呢。

Day 04

臺13線

日期／2013.10.04
天氣／晴天
腳程／28.62 km
路線／水美——苗水
夜宿／南苗大旅社

第一次夜宿國小，是一場非同尋常的體驗。這種非同尋常，我感受到了。

睡之前，我特地找臺灣同學瞭解了下國小早晨上課的大概時間，

要趕在這個時間點之前起床——雖然我沒有床，不然遭到一群小學生圍觀的話，那就糗大了。我把鬧鐘設在了六點半，心想著提前一個小時的時間一定綽綽有餘。可是六點不到，就被一陣人群的聲音驚醒，睡眼惺忪下抬眼一看，由於仰視的緣故一群高大的阿姨阿媽立在我身邊，預感到不妙，我一個激靈，從睡袋裡鑽出來，方搞明白，自己睡的這塊場地是她們每天晨練的地方，我趕緊收拾行囊，讓出位置。一時間，雙方都在互喊抱歉，真是難為情。跑去校園內的廁所洗漱完畢，我特地逗留了一會，原來她們並非大陸的那些大媽一樣風靡廣場舞，而是做著廣播體操，只是版本看上去也有些搞笑。

之前一直猶豫是否過去旁邊的勝興車站，它是臺灣海拔最高的火車站，廢棄以後被開發成觀光景點，還算是比較知名，可是不順路，如果過去的話，就需要白白多出一個往返程。但是既然被迫早起，多出了不少時間可以支配，那就不妨走一趟。

小火車是臺灣被譽為小清新文藝氣質最有力的佐證了，也一直是為觀光客所推崇的熱點，我總擔心流於商俗。好在我到得比較早，佔據時間優勢，基本上所有的店面都沒有開門營業，整個月臺只有我一個人，得以盡享。整個格調，與昨天所經歷的長河大漠景象大為不同，即便它們都有大面積的石塊作為基調，然而石頭的尺度相去甚遠，今天的灰白色，就含情脈脈了很多。很快，太陽高掛後，車站路湧入了大量的觀光客，我見好就收，趕緊開溜。

下山的路，切換成了另外一條道，堪稱人跡罕至。整個前大半程，僅與兩人擦肩而過，時不時地狂風大作，山坡陡壁上深根裸露的大樹吱吱作響，一不留神就有倒下的可能；路邊高出人頭的草叢裡，忽然會飛出幾隻被驚擾到的大鳥，拍打著翅膀，伴隨著幾聲尖叫；乾涸的柏油路面上，隔三差五可以見到乾扁的屍體，物種包羅萬象，囊括了粗黝的大條蚯蚓、纖細的小花蛇，以及色彩繽紛型體不一的鳥。行進中，好幾次後背發涼，這讓我不由自主地抄起並緊握著登山杖。終於，走完了這一段陡峭陰仄的山路，而接下來，將面臨的是大段的寬廣坡路。

今天全天行程的主要路段是集中在臺13線，這是苗栗縣境內最主要的公路之一。由於我已經從海線內切至山線，這一路，注定要起起伏伏，在上坡與下坡間切換，而對體力的消耗，比起前兩天的地勢，有過之而無不及。到達銅鑼的時候，自感體力不支，左腿酸痛，但是又想到里程數還沒有超越二十，而且時間也才三點多，最終還是

陸人甲
路人乙

硬著頭皮繼續北上。

或許，這不是一個明智的選擇，抵達苗栗市區後，已經不能正常直立行走，而且最後一段路程，我是在焦急的心態中完成的，這是之前幾天從來沒有過的。

在進入苗栗市區前，谷歌地圖似乎是故意跟我開了一個玩笑，把道路從主幹道引向了一個偏野的小路，我目測兩條路距離相近，心想那就換一種體驗好了。剛拐進路口，就碰到一戶人家正在舉行殯喪儀式，清楚地見到法師在為亡靈超渡，口中念念

有詞。我把這視為一種偶然，然後繼續往前走，路兩邊高大的樹木，襯著夕陽，光影斑駁，風光宜人，我慶幸走對了路。風吹草低，一晃眼，我見到草叢內有其他物體，湊近一看是聳立著的墓碑，碑文上方赫然置放著黑白遺照，當時有些傻眼，看了看周邊，原來草叢裡掩藏著大大小小的墳墓，心裡咯噔沉了一下，意識到這一路我是穿越在墳場中間。喔，我的天。

當時又犯賤，想要拍一張照作為這段經歷的記錄，可是每一次選好視角，鏡頭內都會有墓碑上的黑白照，照片內有一雙眼睛在凝視著自己，只好宣告放棄，以示對亡者的尊重。

Day 05

你所悔憾沒有被拓長的時光

日期／2013.10.05
天氣／陰雨
腳程／21.07 km
路線／苗栗——頭份
夜宿／頭份國小

今天是週末，在我對別人說週末愉快的時候，我意識到在路上的自己這個週末不會愉快，因為我深知這是一場苦旅。既然如此，為何我還在疲於奔命，為何這般想不開。其實，我想得很明白，苦是樂

的催化劑，沒有陣痛的人生不會涅槃。生於憂患死於安樂，要想活得樂呵也必須不能太安樂。再說，苦中尚能作樂。

應驗了天氣預報，風雨天還是來了，一出戶外，地面上濕噠噠的，空中還有細雨正在飄落。我背著行囊，立在路邊，思量了一會，還是出發吧！趁著雨勢不大。其實，在這個陌生而又不眷戀的地方，即便停留下來，我也會覺得無處可躲，總不能因為一點小雨再退回房間，重新開一天房。

沒走上多久，我就意識到自己犯了一個低級的錯誤，這個錯誤直接導致低俗，路途上不斷地將手伸往左腿右邊右腿左邊，以調整位置。之前，有人講，他們以前行軍的時候，會穿上絲襪，以免燒襠，建議我也帶一條。對之，我一笑而過，心想這哪犯得著，結果，類似的窘況，還真給我趕上了。我今天穿了一件寬鬆的底褲，當時選擇它是考慮到它相對容易乾，可是，兩腿中央長時間空蕩蕩，本該被固定的物體不斷地左右搖晃，總給人一種異樣感，讓我追悔莫及。

好在，頭頂異樣的天氣，給我帶來的憂心忡忡，讓我可以忽略下身的異樣。更好的是，天空雖然陰雨變換，而雨總沒有洶湧而至，只

天雲廟
TBC光纖寬頻
8M
120M
15M
25M
65M

是滴答滴的下，披上雨衣，便可抵擋，整整一天，並沒有因為天氣而耽擱行程。

不過，中途倒是被迫滯留一次，但沒有絲毫不情願。沒有料到，班上的一位兄長，突然而至，攜帶家眷從臺中驅車趕來，攔路圍堵我，意在為我鼓勵。下了北勢大橋，我們在路邊的便利店寒暄一番，只是，短暫停留之後，我不得不再次上路，不然趕不在天黑之前抵達目的地。因此，道別後各自離去。對於一個有職業操守的徒步環島者來說，任何一樣交通工具都是一種不可親近的奢華。即便他們的路線與我同向，我也不能與其一個速度。當他們駕車從我身邊駛過，時間只來得及揮一揮手。同一個方向，不同的目的地，我跟在後面，望著他們揚長而去，竟有一種行同陌路的感覺。

在下北勢大橋前，我在橋上與一位在做清潔的阿叔聊了一會兒天。當時看到他在橋中間認真清掃垃圾，想到在這既是週末又是陰雨天的日子，難得兩個從事戶外勞作的人在橋中間相遇，於是站在人行道邊，徵詢他意見，問可不可以幫他拍照，他欣然同意。完了後，他開始與我攀談起來，我握著登山杖將背包倚在橋欄杆上，他拿著掃把立在路中間，我們隔空喊話，無視兩人之間奔流而過的車輛。這意境，現在想像下，就是一副妙不可言不可複製的畫面。要不是急著下橋與朋友相會，我一定會想著將那段時光無限拓長。

而在未來，我年邁的時候，我悔憾沒有拓長的，一定還有我在這個美麗島繞行一圈的時光。

Day 未遂

「未遂」在路上我不是一個人

日期／2013.10.06

天有不測風雨，沒錯，昨天突發而至了一場風雨，不過沒能阻擋我的腳步，而今天又從天而降了一場無形風雨，卻著著實實地羈絆了我。

昨晚，抵達目的地頭份後，對之前物色好的旅館環境不夠滿意，就在城區選擇了一家便利店作為落腳處，慢騰騰地整理圖片，接著更新文章，這是踏上苦旅之後每天的例行公事。很快消耗到了凌晨，兩點左右，想要睡得更安穩些，不想被太多噪音攪擾，便轉移陣地去了旁邊國小，因為心想著這是一塊相對更讓人踏實的地方；而且明天禮拜天，學生沒有課，我不用擔心要被迫早起。於是，我就在一樓教室的走廊裡找了一塊風雨不易飄入的位置躺下了。

這一覺睡得確實安穩，以致半夜被動了手腳，都全然不曉。早上八點醒來，驚覺放在我頭頂附近的大背包不見了，頓時意識到大事不妙，心裡嘀咕著在這個陌生的地方應該沒人會和我開這種玩笑，我周邊瞅了一下，了無痕跡，就奔往了旁邊的警局。一路上，我開始懺悔自己放低了戒備心，幾乎將所有貴重的物品集中放置到了一起，而且置身於外，我愚蠢到，為了不使周邊環境雜亂，將腰包也整理好後塞進了大背包，這樣倒方便了順手牽羊者一步到位。在這裡生活了一年多，當我在僻靜的小路，屁股後袋裡的一沓鈔票露出一大半，緊隨在我後面的人，追上來告訴我錢要掉了，而不是等它落地撿之遠離；當我在臺北街頭的一家餐館吃飯，老闆將一堆硬幣分類擱置在櫃檯上，繁忙時段，讓各人自行找零，而根本不用擔心有人圖謀不軌；當我電話遺忘在某個地方，打電話過去的回應是正在等你來取，而不是關機後的盲音，他們本可以佔為己有。臺灣，讓我逐漸降低甚至是放棄了防備心，然而，她卻在我最懈怠時捅了我一刀，這一刀雖不致命，但著實不輕。

說明了情況以後，跟著警員回到事發地點四處查看，沒有發現被遺棄的包裹，然後回警局做筆錄。羅列了遺失物品清單，蘋果筆電、萊卡相機、大陸往返臺灣通行證、臺灣停留證、現金八千、銀行卡以及衣物等，看到這一長串，我不得不心痛，然而更讓我心痛的是筆電裡面有著一些我未備份的書稿以及圖像資料。我迫使自己平靜下來，畢竟是身外之物，代價不過是經濟成本與時間成本，尚可補救。

雖然是休息日，國小的訓導主任還是趕過來了，幫忙調取監控錄像。五點半左右，一位疑似過去操場晨練的老人路過我身邊，可能一時心生歹意把我的包順走，由於那會天尚未放亮，監控畫面模糊不清，並不能確認他是行竊者。其實，這些已經不是那麼重要了，眼下，我所擔憂的並非物品究竟能否追回來，而是我能否繼續走下去。我深知，對我而言，精神追求比物質擁有重要多了。

心有不甘，想要硬著頭皮向前衝，卻巧婦難為無米之炊，執意北上的話，定艱難重重。正在猶豫不決，朋友來電要趕來接應我回臺中，也罷，情非得已，尚且只能如此了。我重複告誡自己，徒步環島臺灣，這只是中止，而非終止，待我補齊裝備，一定會再次重新出發。

整整五天，屁股沒有接觸到任何交通工具，眼下坐在朋友的車裡，真是百感交集。返程中途，和他女友一道過去了一趟她在公館鄉的家，她家父作為東海大學老學長熱情幽默地與我談笑一番，臨別時贈予了我一個紅包，說是一點微薄心意，老規矩，上面題字：壓壓驚。事後打開，數額之大令我咋舌，自感無以回報，讓我心有不安。

一個行竊者，數個熱心人。這一整天，很多友人通過各種方式對我表達了關切，並願意提供幫助，稱有需要儘管開口。更有一個僅有一面之緣的阿姨，執意要送我一部相機，並且發動了自己朋友為我集資，說是為臺灣表達歉意。盛情難卻，不過我還是卻了。我想，經濟上的損失我可以應付，這種危機我也可以處理，在這種情況下，要是接納施善，我更會心有不安。

其實，大可不必為之歉意，這只是我的一次壞運氣，不能作為普遍現象，它也不足以成為否定臺灣社會治安穩定有序的依據。我依舊敞開懷抱，面朝這個島嶼。我能夠願意再次出發，這說明我依舊熱愛著這塊土地。

任何事情都有兩面性，今天，我成為了一個人的受害者，卻成為了很多人的受恩者。這也讓我意識到了，在徒步環島的路上，雖然只有我自己，但是我並不是一個人。

Day 06

從這裡跌到 從這裡出發

日期／2013.10.10
天氣／晴天
腳程／24.23 km
路線／頭份——南寮
夜宿／7-11 便利店

因禍得福，我吃上了百家飯，ipad 是景觀系渠大大支援的，用來代替筆電更新文字和處理照片的功能；相機是法律系蘭大大送上門的；背包是研究所的同學葉大大提供的；治療肌肉傷損的噴敷藥物是

黃大大贈送的；衝鋒衣外套是社會系的學妹吳大大傾情贊助的；銀行卡是暫時使用班上女同學黃大大的；就連拖鞋，都是從孫大大那裡拿的。背上這些東西，我深感自己是共產主義社會接班人，而在路上的，不止是我一個人。

時隔幾日，重新出發。上一次出發是大陸的國慶節，這一次出發是臺灣的國慶節，相隔九天，而相差的何止是三十八年。同樣是國慶，我在上次跌倒的舊地點，開始開啟新的起點。今天上午，葉兄驅車將我載到頭份國小門口後，揮手再見。我之前走了五天才完成的距離，就這樣被他僅僅用了不到一個半小時的高速解決了。

出發前，特地到國小旁的派出所詢問了案情的進展。負責案子的警員今天沒有上班，只是了解到還沒有結果，並沒有得知詳細近況。後來，我在一個路口等紅綠燈時被一個警員攔住，當下以為是我沒有遵守交通規則，結果他笑臉相問：你真的是用走的在環島啊。我反問，你怎麼知道的？他說他在警局聽說的。我心想，難不成這還是一盜成名了。我們又聊了一會，離別前，我請他幫忙著重留意一下我的

令
大吉

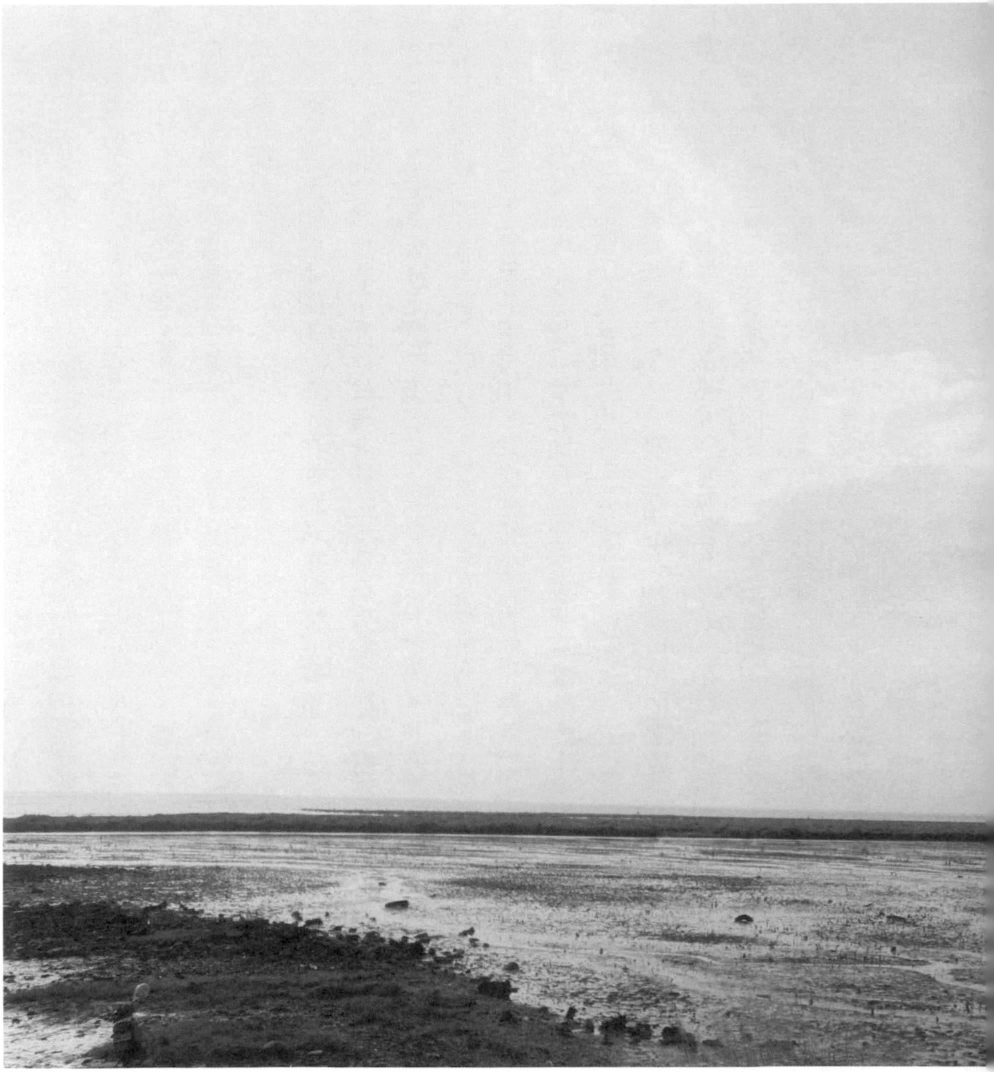

案子，他應聲同意了。後來一想，假若他真這樣幹了，豈不是有關說之嫌。

得知今天晚上在新竹的南寮有大型煙火燃放活動，這是雙十節帶來的福利，於是，我臨時改變了昨天預計好的路線，放棄去竹東，而改道奔往南寮了。今年的國慶，青天白日旗比上一年似乎低調了些，沿途並不多見，聽說這是因為負面的馬王政爭而弱化了節日的喜慶，不知是否確鑿。其實，我今天一身紅藍色彩為主調的行頭，倒是很能和節日呼應。

路過了一個叫做香山的地方，在便利店歇腳補充能量，意外發現另一個讓人動容的角落：桌面玻璃板的下面存放著一些徒步環島者的字條，有高中生有女俠客，有人是第四天有人是第四十七天，有日本人有香港人，如今，也有了大陸人。每一張紙條的背後都隱藏了一個性情的主人，諸如「一切讓旅行來解釋」「腳行天下」「年輕人，盡情地為自己喜歡的事付出，熱血地花光青春的光陰就對了」「環島魂，實現夢想了沒？」他和她，他們讓我覺得這一路上，並不孤單。倘若我集多方物品於一身是物質上的結伴，那當下，我則在精神上有了友伴。

行至中途，步入新竹不久後，我就堅定了今天改道的決定是明智的。這不是因為有煙火的國慶，而是一路上的風景。整個路程，有一半以上是沿著海岸線走的，海邊是野生動物保護區，隨著地段的前移，景觀也不斷變幻，漸降的太陽帶來的紛繁色彩更是一塊加分的幕布，甚至比高美濕地還要絢爛。遺憾的是我尚未走完這段海岸線，太陽已落西山。由於前面過於悠哉拖沓了時間，後面不得不在黑色裡緊走急趕，錯過

陸人甲
路人乙

了本該醉人的一段海岸線，真是有暴殄天物之嫌。

趕在煙火燃放前，我來到了現場，當然，我只能在外圍，因為前場已經人滿為患。在臺灣一年多，我還從未見過如此浩蕩密集的大規模人群。由於一直在趕路，以致都沒有來得及吃飯，接駁車到達後，發現有人在車門口發放食物，我就湊上去索要了兩包餅乾，權且暫時充飢。七點半，煙火開啟，黑色夜空被五顏六色轟鳴了四十來分鐘，曲盡人散，大規模的人群開始撤離，交通擁堵，路邊的餐館也被路人占滿。我跟著人群走了一會，意識到他們都是回家的，而這裡沒有我的家，於是就脫離人流最多的道路，繞進一個不是很熱鬧的區域，找了一家不是人滿為患的便利店，進去後這才發現，裡面的顧客一半人是在排隊等著上廁所，這場景真是罕見。好在，有閒出的位子可以坐，於是，我就安營於此，放下背包開始做事，預計接下來的行程，然後處理照片以及更新文字，不知不覺就已經到了十二點。剛剛的途上沒有發現什麼旅社或飯店，坐下後就不想再走動，現在也懶得出去再物色了，今晚就在便利店打發好了，剛剛瞅見旁邊有一塊位置挺適合。

其實，旁邊是有一間國小的，剛剛還真有考慮過它，不過還是放棄了，主要是明天學生還要上課。老實說，目前我對國小是有些顧忌的，但是我一定會抹去它，接下來的行程，我相信我還會再睡進國小校園。

Day 07

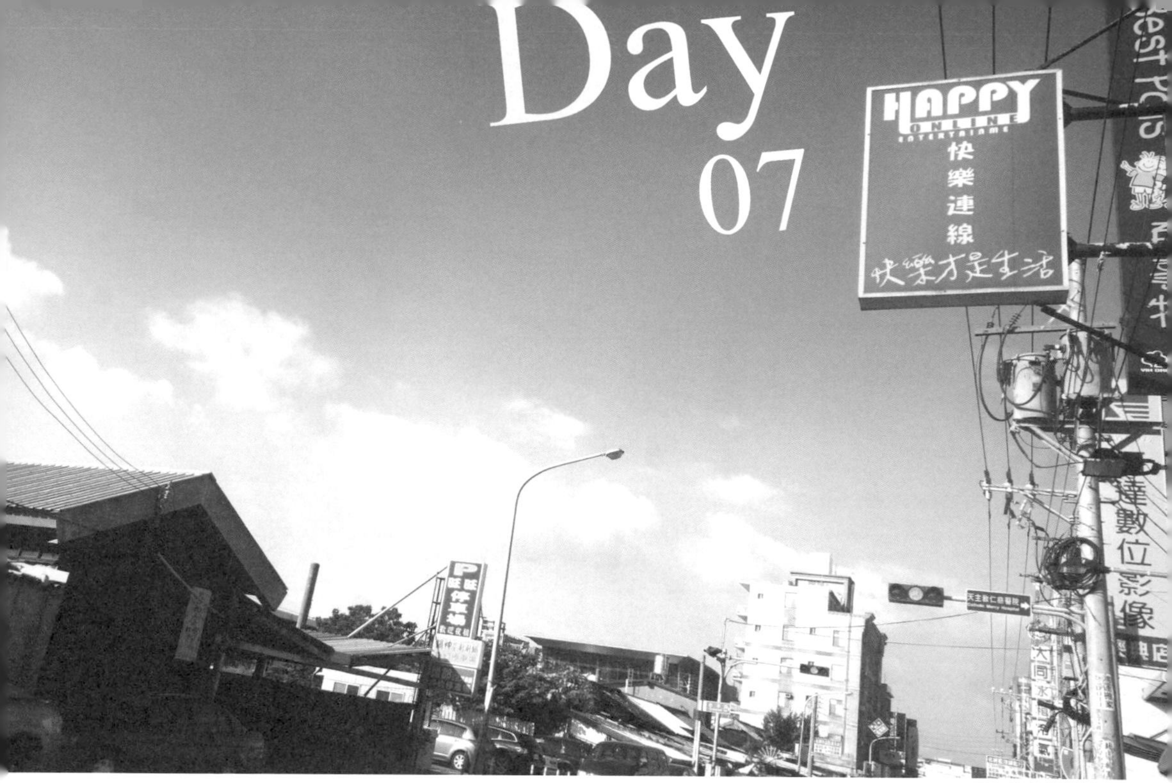

鄉野風光 很風光

日期／2013.10.11
天氣／多雲
腳程／30.18 km
路線／南寮——楊梅
夜宿／華洋旅社

實話說，我承認我有一點孬（ㄋㄠ）。昨晚，選擇睡在便利店，可是由於夜宿戶外被盜的陰影當頭，以致戒備心強烈，雖說我知道那只是極端事件，而且對臺灣治安還是持有信任的，可是每當有風

吹草動便起身張望，中途還時不時驚覺地摸一摸背包是否健在。這使得我夜不安眠，熬到了四點多，在困倦的同時，也厭倦了自己。四點來鐘，放棄繼續在那裡睡覺，向店員打聽到附近的一間汽車旅館，毫不遲疑，立刻前往 motel 開了六個小時的房。

開房補覺，這個決定是明智的，因為今天有一場硬仗，計劃把楊梅作為落腳處，從南寮過去的話，距離接近三十公里，這是之前從未走過的里程數，必定要耗費更多的體力。由於中途恍神，走岔了道，進湖口鄉的時候，里程數已經上了二十，時間已經到了四點，而且體力消耗過多，感覺腿腳明顯酸痛，心中一直在嘀咕著要不要今晚就駐紮在湖口，不再前行。猶豫不決中，在街道上，一位大老遠我就掃瞄到的一位甜美姑娘，朝我迎面走來，看到我一身徒步環島裝扮，很善意熱情地沖我笑了笑，豎了個大拇指後就只留下背景，留下還沒有反應過來的我立在原地，錯愕不已。因為通常，盯著姑娘看，很可能會招來中指，而這次，得到的卻是大拇指。某一瞬間，我想到要為那甜美的一笑久留此地，這樣會是一個感性的決定；可是想到大拇指，覺得自己不應該氣餒，而應鬥志高揚地完成目標，克服這一個挑戰，顯

然，這是一個激情的決定。在便利店，稍作休整後，體力恢復得差不多，腿腳酸痛也減弱了不少，於是毅然上路了。六點前天就會黑下來，而接下來還有十公里，估摸著要七點才能到，一定要摸黑趕路了，這還是這些天的第一次。

走在黑路上，還真有點心虛，之前放在背包上的發光燈跟著上一個包一起丟失了，小玩意大功能，沒了它，害得我總是時不時地回頭張望，擔心看不到我這個人影的車輛。在我心有所憂的時候，一個騎著機車的靚仔停在了我的面前，喊我坐上去一道進市區，我支吾了一番，還是拒絕了。話說已經好多天沒有人停下車來要載我了，難道這是我在北上的原因；之前聽說南部的人會更熱情，在那裡比在北部被載的幾率高很多。這一次，我正好可以有機會驗證下這個說法了。

今天這一路，並沒有昨天精彩，再加上里程數壓力，途中也不便過多停留，但是，在中間路過一片鄉村地帶的時候，我還是滯留了好久。其實，這些天，大凡遇見鄉野風光，我都會放慢腳步，徜徉其中。倘若拿臺灣的城市與大陸的城市相比，其優勢並不明顯，一些方面還會明顯處於下風；然而，以鄉村作比較的話，大陸完敗。在城市化的狂潮下，大陸很多村落已經被城鄉結合部吞噬，而存留下來的那些村莊，多數呈惡性發展，無人重視和監管。在一些人眼中，似乎鄉村就代表著低級與貧窮，淪為了負面的產物，恨不得全部消除。而在臺灣，鄉土是被重

507

視的一種多元選項，鄉村儼然與城市一起並列存在，甚至更加諧和。鄉村的特色被保留，鄉風鄉情依舊，在這個地方，即便是到處散發著濃郁的鄉土氣息，也讓人愛意滿滿。恰恰，鄉土氣息是它的優勢，鄉土絕不像在大陸一樣淪為一個負面的貶義詞。

當我坐在田間地頭的瀝青路邊，眼前是一片濃綠的水稻，陣陣清風掠過，一波波綠浪沙沙作響，而腳下的水渠清澈見底，大大小小的魚群在其間暢遊，我想到在我的家鄉，兒時熱衷的水溝捉魚趣事如今已經成為絕唱，溝渠的水已經被垃圾填滿，田間小路溝閡不平且塵土飛揚。說句實話，臺灣的鄉村是讓我豔羨的地方，我能想像到的理想版田園風光也不過如近日所見，即便是享有美譽的江南魚米之鄉現狀，也未必有臺灣當下的田園之美。

Day 08

多伸拇指 少豎中指

日期／2013.10.12
天氣／陰轉多雲間有雨
腳程／23.93 km
路線／楊梅——桃園火車站
夜宿／漢宮大旅社

我覺得我終於進了大城市，整整一天，從楊梅到桃園，沿途幾乎全部是商業街，見不到任何田園風景。之前的一個星期，從未見到如此都市感的地方，無論中壢還是桃園，其繁華度都是苗栗所不能追比的。

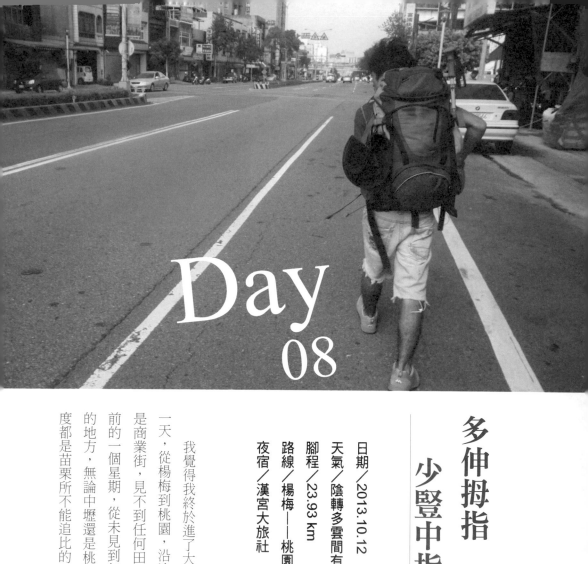

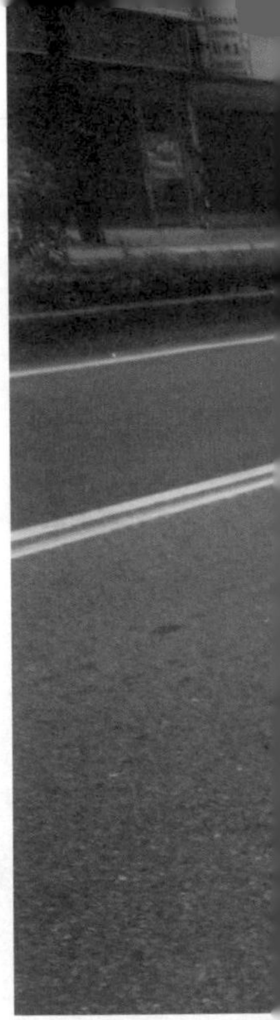

今天，我並非孤身上路，一個在臺大讀研究所的學妹，特地從臺北趕過來楊梅車站與我會合，說是要陪我走一程，這算是她週末的小旅行。其實，她不能算作我的學妹，因為我們是同一年作為陸生過來臺灣讀書的，但是她是我毫無爭議的師妹。在廣州時，我們讀同一間學校，我高她兩級，掐指一算，被她喊作師兄已經有七年多了。在大陸，學校通常以師兄師姐師弟師妹相稱，倘若冷不丁冒出個學長學妹的稱謂，會頗有偶像劇的味道，現在倒是很適應了。

一路都是連綿不斷的建築物，而騎樓是臺灣商業建築物的普遍特徵，這也是整個閩南，以及嶺南所共有的建築風格。按理說，首層退縮架空出的廊道，用途是為大風多雨高溫的南方地區的行人遮風避雨防曬的，可是現在這些功能已經逐漸被壓縮。我憑藉多日來的經驗，徑直走在馬路邊，任憑一輛輛機車從我身邊呼嘯而過，但是她則不同，堅持走在騎樓裡面，以安全的名義。我心想一定撐不了多久，她就會追隨我的路線，果然她後來放棄了。如果走在騎樓裡面，一定走不了直線，每隔幾間店面，就會被店家占用了通道的物品擋住，更有甚者，直接將騎樓空間變為了室內空間。另一方面，由於土地私有，門口高度自由設定，以致整個騎樓通道的地面高低不平，走在上面磕磕絆絆，讓人心煩意亂，同樣不能順暢。這些都是我已有的體會，所以深知她會與我得出一樣結論。中途我開玩笑說，全世界都在埋汰大陸的城管，其實臺灣有時也是需要城管的。在騎樓空間被違章佔

用以及地面高差頻繁的問題上，明顯看到缺乏相應監管的弊端。

中壢算是今天行程的中點站，路過時，一位嫁到此處的陸配朋友告訴我，趁著週末可以去火車站附近晃悠下，那裡有很多菲傭。正好，火車站就近在眼前，繞過去轉轉。走近後，一股臺中中區的氣息迎面撲來，廢棄的大樓，如同死城一般，而頻遇的外勞，大面積的東南亞文字海報，又宛若另一個世界。臺中市的中區，隨著人口外遷與外勞的湧入，日益衰敗，現在其中很多建築物成為了外勞的樂土，本地人避而遠之，年輕一代往往在另外的區域開拓天地。其實，這是很多城市在發展過程中都面臨的問題。在美國的一些城市，老城區居住大量的黑人，而白人逐漸遷移出核心區，這導致了一系列的負面問題。如何使衰退的城區獲得再生，這些既是城市規劃領域面臨的難題，也同樣是社會學學界需要關注的範疇。不過，據現狀看來，中壢的情況要比臺中中區好很多，並沒有上升到棘手的層面。

往前走，街景一如既往，有些視覺疲勞。忽然抬頭，見到對面樓頂有人站在周邊建築群的制高點，揮舞著手中的旗子，調度空中飛舞的成群鴿子，這真是一幅新奇的畫面，我拍了張照，沖他伸了個大拇指，換回了他用大旗朝我搖一搖示好。當天色漸黑，一輛叮叮咚響的垃圾車駛來，我抓拍了他們接收垃圾的瞬間，車上的年輕人擺了個V字手勢，我朝他伸了個大拇指，他給我敬了個禮。瞧，大拇指的作用真妙，在枯燥的路途上可以讓你收穫別緻的風景。

改天，我嘗試下給路邊的每個檳榔西施豎一個大拇指，會有什麼回應？

Day 09

台北 今日無雨

日期／2013.10.13
天氣／晴
腳程／24.83 km
路線／桃園火車站——臺北車站
夜宿／臺大城鄉所研究室

一路上，天藍到令人目眩，臺北竟然沒有下雨，這真是一個大喜訊。以前過來臺北，被風吹雨淋是常事，而就在前幾天，臺北還是陰雨不斷，卻在我進來的這一天，恰好放晴。臺北的多雨天氣，早已在

數年前被孟庭偉的歌喉宣揚得廣為人知，一首《冬季到臺北來看雨》，便給這個城市貼下了一張濕漉漉的標籤。

恰恰因為這好天氣，臺北顯得格外有引力，這也讓我顯得更有精神氣，迫不及待地想要走進去。臺北是吸引我的。除了臺中以外，我唯有對臺北有相對多的了解，可以說，在臺灣僅有臺北和臺中不在我的陌生地範疇，其他地方在此之前幾乎都不曾涉足。今年夏天，為了方便配合出版社推廣上一本書的活動，我在臺北租了一個月的房，在大街小巷留下足跡，也在這裡留下了不少美妙的記憶。我對登臨臺北的期待，更來自於這裡有諸多熱心的友人，這是晚上最不缺借宿下榻處的地方。除臺中以外，我在臺灣的朋友似乎都集中在了臺北。

雖說不缺落腳處，但是我並沒有選擇居家的盛情。在未進臺北時，就有幾個熱心朋友邀請我屆時去住宿，以致我無法取捨，當我知道可以夜宿在臺大城鄉所的研究室時，毫不猶豫地作了決定。對我而言，它的引力是超群的，在當初申請來臺灣讀書的學校列表中，臺大是首選，而城鄉所正是我的專業志願。一年多前，我與其失之交臂，南下臺中。我不能說錯過臺大城鄉所，是一件讓我悔恨的事情，

畢竟，在東海的我，生活其樂融融，心滿意足，但是，心中確實是有著一絲遺憾。這種感覺就像已婚姻完滿、夫婦和睦的你，去面臨當初你追逐未遂的姑娘一般。一場與之親密接觸的約會，即便無非分之想，想必也令人神往。

研究室的主人正是陪走的學妹，昨天全程陪同，一天下來，竟然腰不酸氣不喘，讓我的擔心成為多餘，配得上青海湖邊長大的西北女漢子身份。只是，臨近終點時，下臺階扭到了腳，一瘸一拐，直接宣告第二天的行動終止，提前打道回府了。所以，今天這一路，我一如既往地成為獨行俠。

少了全程陪伴，但多了一個驛站。從桃園進入新北後，經過迴龍、丹鳳捷運站，很快就到了輔大站。在這所擁有全臺灣最多陸生的學校，有一些我的小夥伴；

在輔仁大學的校門口，得到了他們的卡片鼓勵、能量補充，以及情誼，這讓我鬥志滿滿。短暫的交談，揮手告別，重新上路，畢竟新莊不是我的終點。

我把忠孝橋作為今天行程的終點，這座橋跨越新北與臺北的行政分界線，是忠孝路的起端。之前，每一次坐在車子裡快速經過，都會為橋邊的風景所吸引，感嘆不能停下來賞看，但這次終於有機會慢慢地把它們收進記憶了。剛走完引橋，我就深切地感受到自己今天的高潮在橋上噴湧而出了。壯闊的高架飛橋，縱橫交織；開闊的淡水河面，悠然緩緩；下沈的城市綠地公園，夾雜著寬廣的運動場地，既生機勃勃，又一片諧和與盎然。這些，襯著半邊藍天半邊霞光，營造了一種我在其他城市從未感受到的美感。

在橋上耗了將近一個鐘頭，直到夕陽西下。走下橋，便意味著今天的行程結束，我很慶幸，今天的句號是劃在高潮裡。

Day 10

忠孝東路 走九遍

日期／2013.10.14
天氣／很晴
腳程／20.10 km
路線／臺北車站——汐止
借宿／汐止水蓮山莊

如果一條路可以代表一個城市，那對臺北而言，在大陸人心中，非忠孝東路莫屬了。臺灣原住民歌手動力火車的一首《忠孝東路走九遍》，被大陸民眾唱響大江南北，風靡一時，從此將這條路的名字烙在心底，視其為臺北的標籤。

不止是動力火車，在臺灣的音樂創作中，忠孝東路這個名稱屢次出現在一些歌手的歌詞裡。無論是流行樂教父羅大佑《大家免著驚》中的「忠孝東路西對介壽大路遐」、老派斯文男童安格《讓生命等候》中的「走在忠孝東路，閃躲在人群中」，還是小清新陳綺貞《九份的咖啡店》中的「這樣的午後，我在忠孝東路的咖啡店」、老文藝陳昇《拿起來放下》中的「忠孝東路你走一回，你有沒有認得誰」，都讓忠孝東路聲名大作。

因此，徒步穿越忠孝東路，橫向貫穿臺北，成為我這次行程的必修課。

在臺北車站，與許兄會合。他作為大陸海峽衛視派駐臺灣的媒體人，正好身在臺北，近期在負責製作一個陸生專題的紀錄片，他留意到了我的行蹤，試圖加入徒步陣營，與我並行，我欣然同意。臺北車站是我昨天的終點，自然是我今天的起點。繞過車站，就走上了忠孝東路的起點。忠孝東路一段門牌號一號是行政院，我特地拍了張照片。往前走，路過一個又一個耳熟能詳的捷運站，東區是每一個身臨臺北的人都繞不過的區域，對我而言，也一樣，無論是忠孝復興、忠孝敦化，還是國父紀念館、臺北轉運站，這些捷運站都是曾經頻繁出沒的地方。忠孝東路四段與五段所輻射的常規步行距離範圍，幾乎承載了整個臺北的繁華度與都市感。當走過五段中點，尤其進入六段後，周邊直接從都市意象跌落為城鄉結合部風光，甚至有大片雜草叢生的不毛之地，再往後，有了商業復蘇的景象。最後，在忠孝東路七段639號前暢快地嘆了口

10/10-13
10/10-13

忠孝東路七段
639
郵局
POST
115
遠見眼鏡

完美主義

平價

氣，終於實現了「忠孝東路走九遍」的狂言，不對，是一遍，別犯傻，足足十餘公里，一遍就已足夠。每天，很多人穿行在這條路上，而真正完全用腳步將其丈量完畢的人應該不多，想到這點，成就感油然而生。在這里程碑式的終點，趕緊拍上一張照片，也算作首尾的呼應。

這裡只是忠孝東路的終點，而非今天行程的終點，最終的目的地是汐止火車站。傲嬌一番後，繼續趕路，只是後面的這小半段路沒有忠孝東路走起來有帶感，好在有許兄持之以恆地相伴，談笑間將今天的預設路線走穿，把句號劃在了汐止車站。

雖說徒步行程已經結束，可是今天尚未結束，我並沒有如往日一樣，結束步行後，當天的生活就歸於平淡。我被幾個熱心的臺灣友人喊去吃飯，這群人曾是我網絡上文字的讀者，後來轉變為我現實中的友人，一直以來，我都有得到他們的支持與幫助，所以義不容辭地接受了邀請。晚飯後，被拉去新北投的溫泉泡湯。我起初以要處理圖片與更新文字為由，猶豫不決，可是轉念一想，不需對自己苛刻，錯過這次機會我會後悔的，於是，我多了一次在公共場合全裸的機會。只是心中不禁擔憂，泡湯後，已為時不早，且全身酥軟睡意綿綿，我今天更新文字的任務會泡湯嗎？

現在有結果了，我泡了湯，但是我的家庭作業沒有泡湯。嗯。

Day 11

每一個縣市都至少一夜情

日期／2013.10.15
天氣／晴雨不定
腳程／13.06 km
路線／汐止——基隆港
夜宿／國都 Hotel

這臺灣東北角的天氣果然抽風，一會太陽一會雨，飄忽不定，天公猶如犯了神經病。我一路上被淋了三次，好在最終在目的地以後，趨於穩定。

本來硬拼一下，今天應該可以

走到九份的，但是不想與基隆擦肩而過，因為我想要的不只是踏遍臺灣的每一個縣市，還想要與之一夜擁眠。如果這次錯過了與基隆的深度接觸，在以後很可能也不再有機會發生，這個偏居在東北隅面積袖珍的縣市，未來很難值得我特地專門造訪。所以，這一夜情就顯得格外有必要了，想必這一定會加深它在我記憶中的份量，使其成為一個我無法忽略掉的地方。

汐止車站距離基隆港的距離不遠，還不足十五公里，心想著這可以輕鬆搞定，沒想到還是出了差錯。變幻莫測的天氣，陣雨常突然而至，根本來不及躲閃，鞋子被浸濕的感覺很不美妙，被飛馳而過的車軲轆濺起的濁水打在臉上的感覺一樣不美妙，好在這些只是間歇性且短暫的，影響了心情，並沒有妨礙到進程。耽擱到進程的不是天氣，而是手機，確切些說是谷歌地圖。按著路線導引，我上了一個山坡，結果道路被一個大鐵門攔腰斬斷，門後是軍事禁區，有士兵把守，旁邊告示寫著不許拍照。路是有的，但是不暢通，只好折返。我並不能因為這一點紕漏而責怨谷歌，相反，一直是滿心的謝意。倘若時光倒退十年，科技電子產品匱乏，電子地圖尚未問世，徒步環島行程必將

5
5

困難重重，甚至是很難進行。如果一個人在多年前沒有電子產品工具支撐的情況下完成徒步環島，那今天的我一定會甘拜下風。

退回到山腳下，我按照路人的指示上了一條路，沒走多遠，一條隧道赫然出現在眼前。洞口前指示牌上寫著長度為556公尺，不算太長，十分鐘以內可以穿越，不至於心慌，但無論如何，這也將成為我這次環島過程中穿越的第一個隧道。走進去後，由於隧道冗長侷促，車輛過去時會產生強烈聲響，尤其是貨櫃車及預拌混凝土專用車，過大的噪音與捲起的氣流讓我開始變得緊張。這時，我想到了與友人在談及穿越蘇花公路時他們給我的恐嚇。他們說蘇花公路有很多段穿山隧道，走在裡面，需要帶頭燈、發光衣，以及耳塞，高速的砂石車在狹窄的路面上經過時產生的轟響會容易讓人耳鳴，更誇張的是由於車輛過重，會造成山洞晃動。當一個人在眼前沒有光沒有出口，有著強烈轟鳴與山搖地動的近似密閉的狹長空間內獨自前行，會是一副如何的景象，想想還真有些兒恐慌。

然而，想起友人的恐嚇，想到蘇花公路的可怕，這一道隧道簡直是小兒科，於是，便以俯視姿態淡然視之，後面的腳步開始相對放鬆。走出洞口，回頭望瞧了一眼，不得了，上面寫著：國道中山高速公路。我的天，我這是誤入歧途了嗎？

抱著一絲僥倖，趕緊下了這條道，也就到了基隆市區。然後，在廟口夜市填飽肚子壓了壓驚，在基隆港的水邊吹了吹風，這一天基本宣告了劇終。

Day 12

今晚 與神同在

日期／2013.10.16
天氣／風和日麗
腳程／13.51 km
路線／基隆港——九份
夜宿／九份長老教會

瞧了下地圖，基隆算是環島一圈的最北端，接下來所有的形行程都會在基隆以南，所以從今天起，我是一路向南。

從基隆港沿著田寮河前行，這一段路算得上是風光旖旎，隔三差

五地拱橋點綴其間，使得城市馬上有了情趣起來，頗有情調。只是，水邊時不時地飄來一股股惡臭，讓人覺得不妙。一條河對一個城市而言，意義深遠，如果善用，可以成為加分的利器；如果擺爛，那真的要臭名了。高雄的愛河回歸清澈後，很好地改善了城市的形象，也為民眾的茶餘飯後的生活品質帶來提升。在污水河治理上，高雄應該是學習的模板。

在基隆的街頭，如同其他區域一樣，機車高頻出沒，不同的是在一些車子的前方，設置了透明的玻璃擋板，想必是為了應對這裡多風頻雨的天氣，以方便出行。這是之前的一路上所見不到的情況，機車前多出的這一形式，也算成了地域特徵。因為天氣原因，造成生活不便，或者增加經濟成本，這挺無奈的。聽說，為了應對狂風暴雨頻繁的惡劣天氣，蘭嶼的民宅大部分是掩埋在地平線以下，地面只露出屋頂部分，以防屋子被掀翻，想必蘭嶼人的生活裡有著更多的無奈。

往前走，來到另一個岔路口，一個方向指向九份，另外一個方向，通往一個叫做暖暖的地方。梁靜茹的一首名字叫做「暖暖」的歌曲，讓這個地方名聲大噪，成為許多熱衷小清新的文藝女青年追崇的小鎮，很

多人專程跑去暖暖，只是為了一睹歌詞中出現的火車站。我跟梁小姐不熟，看到暖暖，我第一時間想到的只有韓寒。九份才是我的目的地，跟韓寒的妹妹暖暖說了聲無緣，就徑直上山了。

九份這個地名比暖暖聲名遠揚多了。除了九份外，臺灣的地名還有頭份，十份，十六份，二十份等。在苗栗三義鄉，我夜宿的地方叫做二十份，不遠處勝興火車站所在地的舊時名稱為十六份，我上次行李遺失的地方是在頭分。起初我以為，這些以「份」字作為後綴的地方是一個系列，它們之間存在著一定的內在邏輯聯繫，後來發現自己是顧名思義，一廂情願了。倘若九份是因為九戶人家同舟共濟，十份是源於最初有十戶人家一起共建家園，這樣的話它們之間還算有共性，可是與十六份和頭份則無共通之處了。十六份

陸人甲 路人乙

是因為當地有十六座蒸餾樟腦的寮灶，頭份完全是另一回事，與荒墾相關。

由於九份在山頂，需要翻山越嶺。爬坡太耗體力，中途氣喘吁吁幾次，心中甚至怨念自己不該上山，只要夜宿在山腳下海邊的濂洞即可。可是當我來到半山腰，望到遠處的群山遠嵐以及海天一色的景象，便覺這一路爬坡也是值得的。由於今天距離較短，多出了半天時間，我就趁機做了次觀光客，按著遊人的路線轉悠了番。我覺得，九份的優勢在於俯視遠方的群山與海景，以及自身建立在半山腰，整個聚落呈現一種立體疊落的壯觀。至於美味小吃，對我來說引力並不大，而九份老街兩側的建築物大多數已經無老和古的痕跡，為近些年來新建而成，至多算得上舊而已。

找到了九份長老教會，這是一個可以為背包客提供住宿的地方。比起一般的民宿，能夜宿在這麼個具有宗教色彩的場所，對我而言是一個更好的選擇。由於不是旅遊旺季，我入住時，僅有我一人下榻於此。待我回來後，房間內多了一位介於青年與中年之間的男子，他對我說你要是今晚不回來的話我就換地方住了。我問為何？他是這樣描述的：剛剛推開門，黑燈瞎火，進門只能望見一個大十字架，旁邊跟著一黑影神像，順著狹窄的樓梯下來，穿越一個長走道，房間就在耶穌神位的下面，外面還一陣陣冷風，多嚇人啊。

他這麼一說，我噗地笑了出來，回應他說：有什麼好怕，這叫與神同在。

嗯，今晚，就與神同在。

Day 13

水蕩東北角 青春逗陣走

日期／2013.10.17
天氣／陰雨
腳程／23.02 km
路線／九份——澳底
夜宿／澳底國小

我已經沒有了等的耐性，索性不管雨勢忽急忽停。由於迫切想與太平洋親密接觸，放棄了相對便捷的山路，往金瓜石的方向順坡而下。

中途，雨勢加大，無處遮擋，

加速下行，希望能有避雨之處，否則必然要成落湯雞了。看到路邊的停車場有旅遊大巴，猶豫了下，還是湊上前去，整個車廂空蕩蕩，唯有司機一人在此等待遊客，我問他可不可以在車廂暫時避一下雨，應聲同意。「你車上的這個團是大陸人嗎？」兩人近距離而無語，氣氛似乎不好，我先打開話匣。「今天這車是日本人啦，你們的旅遊法太多限制，大陸團最近很少。」他回應到。我這一開腔，還沒報家門，他就把我大陸人的身份識辨出來了，這種事發生太多次了。後來，聊開了，表明了下我正在徒步環島，順便問他蘇花公路的情況，是否如傳說中的那般讓人驚恐。他說其實還好，關鍵要注意砂石車，就連他們都要對其避讓三分。看來，砂石車真的成為了當首的鐵魔頭。雨漸弱，要趕路，與司機道別，他從座位旁邊掏出一把傘，硬是讓我帶上，我說我背包裡面有雨衣，拒絕了他好幾次，才成功脫身。其實並不是我不領情，只是隨身帶著雨傘，很多時候是在做無用之功，我一直在精簡自己的負重。

到達海邊的濂洞後，太平洋就會近在眼底了。一會兒烏雲壓頂，一會兒細雨淋漓，我不得不感慨太平洋的風太任性，攪壞了天氣，

讓面朝大海的意境一點兒都不浪漫了。轉念一想，自從今天踏上濱海2號公路後，在接下來的二十天，絕大部份時間都要行走在東部海岸線上，與太平洋的風做最親密的接觸，倘若每天的的幕布都是一個色調，再炫麗的太平洋風景也會讓人視覺疲倦。天氣的轉變是為了給予更多的體驗，這可是太平洋的變相浪漫。這個轉念讓我愉悅了很多，今天陰雨下的太平洋已經如此精彩，倘若明天見到的是藍天白雲下的淘淘碧海，一定會更暢快。

天空陰沈得厲害，比前兩天黑得更早，為了避免摸黑走路，我沒有如願前進到福隆，而是在它前面一個叫澳地的漁村停了下來，這是唯一一次沒有落腳在我預設的目的地。不過也無妨，整個徒步環島就是一次隨性的旅程。澳底雖說只是一個小漁港，卻是當年簽署馬關條約以後日本人登島臺灣的第一個地方，某種角度來講，它是殖民的起點。

尋找到便利店歇腳，在它的兩側，見到了派出所和國小，這兩個都是可以下榻的地方，相對而言，派出所更有安全保障。不過，我還是走向了國小，因為我之前就告訴過自己，要洗刷國小曾經給我帶來的陰影。吃一塹長一智，雖然夜宿國小，但是我不會冒險再睡在戶外。如果學校拒絕讓我借宿教室的話，我就再改道去派出所。我問自己，為何不直接去派出所呢？因為我想向自己證明國小是溫暖的，而不是負面的。走進校園警衛室，值守人員爽快地拿鑰匙幫我打開了一間教室的門，於是，今晚我睡進了澳底國小的音樂教室。

CRONOS

我為我的選擇而慶幸，因為這是一次抹去陰影的積極證明。

至於今天文章標題，這十個字是我在海邊山腳下宣傳畫裡看到的，它是八月份音樂節的海報，活動雖然已經結束，但是我想「水蕩東北角 青春逗陣走」這句話，依舊具有生命力。

Day 14

最浪漫的 邂逅

日期／2013.10.18
天氣／陰雨搖擺
腳程／34.37 km
路線／澳底——頭城
夜宿／人文會館民宿

若是非節假日宿國小，面臨的將是第二天早起。一早七點，校園的喇叭就開嗓了，喊小學生做衛生清潔。雖說我睡的教室一時半會兒不會被使用，但是小朋友們都在外面勞動了，我也不好意思繼續埋頭睡下去，於是，就起身洗漱。推開

了教室的門，在旁邊的洗手池邊刷牙洗臉，引來一群天真無邪眼睛的側目，那一刻，我都覺得我成了怪叔叔。

早飯完畢，也不過才八點，無處可去，無事可做，那就上路。今天的時間夠充足，以致可以有九個多小時在路上；最終，把昨天未盡的那一段補上的同時，也完成了前天為今天預設的里程，腳程飆到了將近35公里，這也導致了我現在渾身酸痛。

前面可以走的一段路叫草嶺古道，心想，這真好。如果長時間對著自然風光的太平洋，真擔心會審美疲勞，這下能有一段人文底蘊的山路作為調劑，挺好的。

剛出發不久，在步入草嶺古道之前，有一大片墳場。從遠處望，起初以為是坡地上的村落，層層跌退，鋪滿了半座山，蔚為壯觀。走近後，才發現這些豪華的房舍不是供活人使用的。比起大陸，臺灣的墓葬確實奢侈，只是從建築面積來看，很多都比一間常規主臥面積還大，而且墓地上有門有宅有院，除了水電以外，堪稱健全完整的建築設計作品。還好我的思維只是停留在空間感受與外觀視覺上，並沒有疑神疑鬼。

可是進入草嶺古道以後，我頻繁地不寒而慄，脊背發涼。由於時辰尚早，整個前半程行人寥寥，道路在深山老林中盤旋上昇，被樹枝密藤遮罩，光纖很弱，加上囤積的雨水與露水，路面溼滑。沿途久久不見有人家，唯有「當心落石與急流」的安全提示四處可見，我雖不顧慮妖魔鬼怪，可是在這種氛圍下，總是心疑飛禽鳥獸的襲擊，甚至是豺狼虎豹。正當我在怨念中氣喘吁吁，抬頭一望，忽然一個黑影迫近眼前，定睛一看，是一位除了一件紅色褲衩以外全身赤裸的漢子，連腳都是光的。他一定注意到了我驚呆的眼神與錯愕的表情，連忙熱情招手以示回應。我心想，這大爺也太想融入大自然接上地氣了吧，可也犯不著這樣啊。

倘若草嶺古道的前半程是驚悚的，

那後半程則是驚艷的。古道的精華集結在此，天氣明亮，視覺開暢。下山的路上，前方是水天一色的太平洋，後面是綠油油的陡崎峽谷，隨著高度的不斷變換，景色應接不暇。倘若不是經歷完整個九公里的古道，我一定會堅定不移地認為選擇走草嶺古道是一個嚴重的錯誤。走完了以後，我的結論：這依舊是個錯誤；雖不會痛恨自己，但有些後悔。畢竟，這次行程，我給自己的定位是背包客，而絕非登山客，那段路不適合肩負大體積容量背包爬行。

磨蹭了三個小時走完了九公里的古道，終於來到了濱海公路，可以享受海岸邊海平面般的平坦。天氣與昨天一樣陰雨搖擺，本以為今天會和昨天一樣，吹著太平洋的風，看著相似的風景，結果後面多出了一到亮麗的風景，而且來自於一個男人。

當我在公路邊的堤壩上靜坐，望著一片片烏雲壓海塘，一個衣著行頭與我相似的人向我走來，四目以對，兩個人的眼睛裡同時釋放著光芒。很慶幸，也很巧合，我們接下來的路線基本一致。想必，這是世間最浪漫的邂逅了，人潮人海中，你望著我，我望著你，然後，在一起。

嗯，在一起。接下來，兩個人一起走到了目的地頭城，之後，在這相識的第一個夜晚，同房共眠。

Day 15

你知道黃聲遠嗎

日期／2013.10.19
天氣／東邊白雲 西邊烏雲
腳程／24.99 km
路線／頭城——羅東
夜宿／友人家

你知道黃聲遠嗎。研究所一年級時，在專業課上，這是老師頻繁重複的一句話。當然，這不是一個疑問句。因為，首先，在座的每一個人都必然知道這個名字；其次，知不知道都不妨礙他繼續講下去，

他只不過是藉此將接下來的談話內容引入到黃聲遠。

黃聲遠究竟在哪裡？宜蘭。他出自東海大學建築系，紮根於宜蘭的鄉土大地，在宜蘭以外的地方從未有他的建築作品，他的偏執，他的反叛，他的創意，他的靈性，使很多優秀的建築物不斷地從他的設計圖紙中躍然而出，聳立在宜蘭的鄉間，這也讓他成為炙手可熱的人物，即便從未為大陸做過設計，名聲也已在對岸遠揚，如今儼然是明星式的建築師。

就建築設計而言，黃聲遠的作品確實有自己的獨特之處，值得業界學習和借鑑，所以課堂上老師經常會建議同學們走進宜蘭實地看一看。只是，他的名字太過於高頻出現，系上的幾位先生對他如同情人般的眷戀，推崇過加，以至於有些適得其反。

雖然，我沒有聽信老師的建言，為了建築而走進宜蘭，可今天，我還是身臨宜蘭，而且在縱向上徒步將其穿越一大半。

從頭城出發，在早餐店，店家聽我口音後，透露自己也來自廣東，父親是鶴山人，只是後來南下越南從商，自己在越南出生，十七年前來到臺灣。雖然沒怎麼在廣東待過，可她依舊可以一口流利的粵

語，讓我自嘆不如。這讓我想到了一個問題。上一輩出走的時候，那片土地還掛著中華民國的旗號，當輪到下一代回歸故土的時候，他們的身份認同該如何選擇，他們的情感又更傾向於在哪一岸安放。在學校，身邊會有不少僑生，他們之所以選擇留學臺灣，想必他們父輩的情感投射是在曾經的中華民國。

沒有走相對短距離的濱海公路，直奔蘇澳，而選擇了內陸，因為羅東。在那裡，我有一位老朋友，她曾經在學校的國際處工作，頻頻碰面交談，如今東遷，難得一見，已成故交。羅東成了我整個徒步環島行程裡，唯一一個提前鎖定的落腳地。得益於這條路線，我避開了太平洋，也才真正明白為何黃聲遠把自己事務所的名字命為田中央，路邊成片成片的稻田，營造了一種濃郁鄉土的氣氛，而鄉土與在地也正是他設計作品的基調。就目測來看，一路走來，宜蘭是建築密度與人口密度最低的一個地區了，應驗了它東部落後地區的身份。

落後只是經濟總量上的，在幸福指數上，宜蘭未必落後，它甚至是處於優勢位置的。對我而言，比起西北角的新竹桃園，它是一個更適合久居的地方。宜蘭是一個純正的鄉野，卻離城市不遠，倘若曾經被人詬病交通不便，只能用草嶺古道來連接臺北，而如今北宜公路、臺2線與鐵路等都已暢通，它早已脫離偏遠閉塞，成為了一方幽境。

從臺北人黃聲遠近二十年如一日對宜蘭的愛戀，就可以說明這個地方有著它獨到的魅力。

Day 16

菊花開在 蘇花前

日期／2013.10.20
天氣／陰偶雨
腳程／14.14 km
路線／羅東——蘇澳
夜宿／中山民宿

為了養精蓄銳，拼下蘇花公路這段險關，給今天預留的路程只有十五公里左右，還算輕鬆。

這兩天的重要任務，不僅是體力儲備，更有裝備進補。反光背心與頭燈，被屢次提醒到，似乎成

了穿越蘇花公路冗長陰暗隧道的必需品。昨晚，被帶去了羅東夜市旁的一個賣場，說是可以買到，名字叫做特力屋，我開始還犯糊塗，覺得這與大陸有別，是個新鮮地方。可走進去發現這完全是在大陸逛百安居的節奏，問了下「度娘」，原來百安居與特力屋都源自於B&Q，只是在臺灣因為經過股份轉讓等商業運作，後期易名為特力屋。同源不同症，真像兩岸。

蘇澳是蘇花公路的起點，這個地名早有耳聞，只是沒有想到這一路上竟然與那麼多「澳」結識。前幾天，我夜宿澳底；第二天，途徑了外澳；今天我停留在蘇澳，旁邊是南方澳；明天的目的地是南澳，而中間會經過一個叫東澳的地方。澳字意思為海邊的港灣，可以停船的地方，受用面局限在地名，可是之前，在華文語境範圍內的地名，帶有澳字的，我能想到的也只有澳門，現在這一下子就井噴了。看來臺灣對「澳」字是挺情有獨鍾的。除此以外，「份」和「寮」在臺灣，也被廣泛用作地名的後綴，這兩個字在大陸可是很少見的。

蘇花公路的終點在花蓮，但是過了太魯閣閣口的崇德以後地勢便不是很險峻，所以難度主要集中在蘇澳到閣口段。我預計第一天走到南澳，第二天落腳和平，第三天抵達崇德，這樣每天的行程在25到30公里左右。在此之前，我從未將未來的三天行程都預先規劃好，之前很多時候是走一天看一天的態度。這次不同，蘇花公路人煙稀

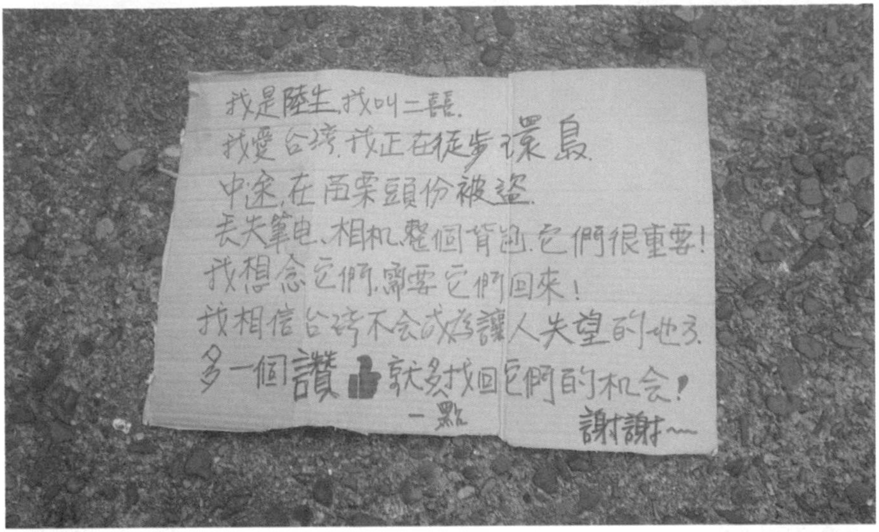
我是陸生,我叫一點.
我愛台湾,我正在徒步環島.
中途,在苗栗頭份被盜.
丟失筆电、相机、整個背包.它們很重要!
我想念它們,需要它們回來!
我相信台湾不会成為讓人失望的地方.
多一個讚就多找回它們的机会!
一點
謝謝~~

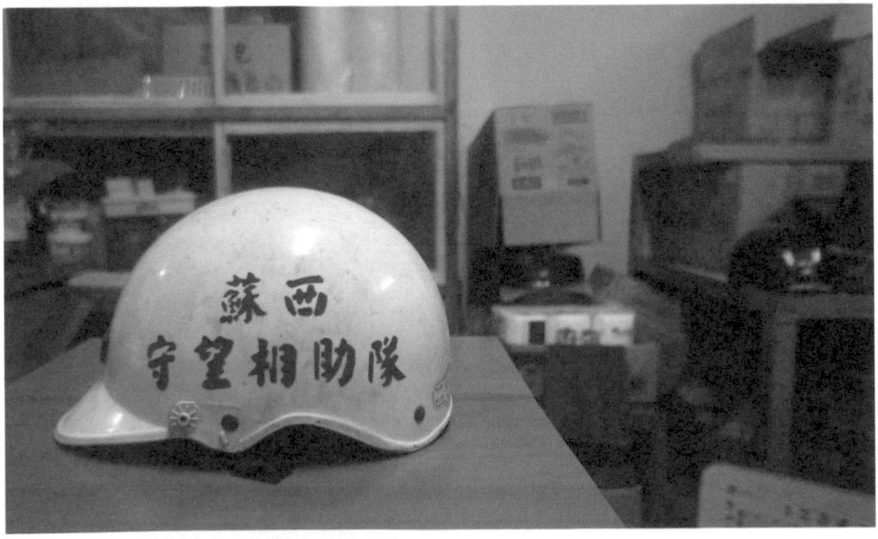
蘇西
守望相助隊

少，村落稀疏，如果時間控制不得當，很可能陷入前不著村後不著店的境況，那麻煩可就大了。

還有一個重要因素是天氣。如果持續下雨，除了路面溼滑以外，還容易發生山體塌方的情況。好在暴雨季節的夏天已過，飛沙滾石情況發生的概率很小。但是很不幸的，現在外面正大雨如注，讓人心頭籠有幾絲陰雲。更不幸的是，我雖然體力儲備足夠，但是身體的硬件狀況忽然變得有些糟糕，這兩天明顯感到菊花不適，已在微微綻放，這真是既揪心又揪身的事。

好消息還是有的。前兩天在路上遇到的另一位徒步環島者，與我分道揚鑣後，今天在蘇澳重新會合，接下來的三天，我們將並肩作戰，一路向南，共患難。

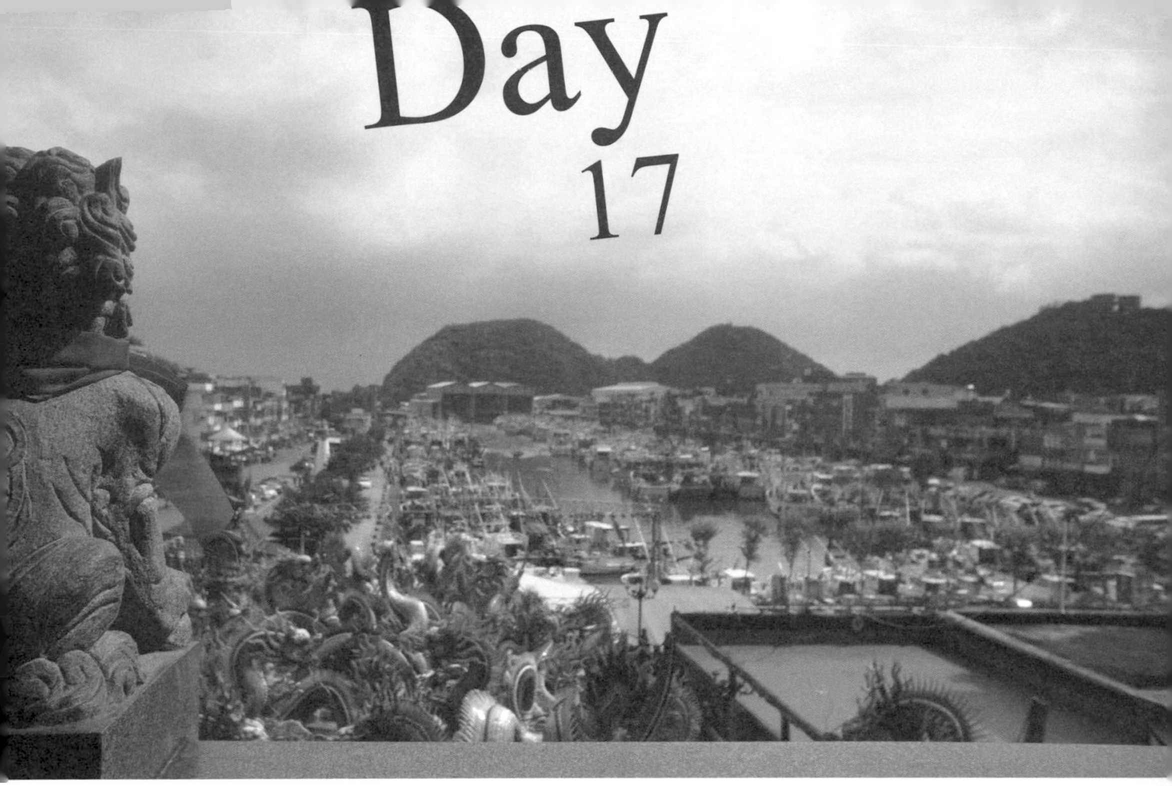

情迷 南方澳

日期／2013.10.21
天氣／陰雨
腳程／33.54 km
路線／蘇澳——南澳
夜宿／大南澳民宿

白米橋是蘇花公路的起點，不過我沒有走上它，而選擇繞到南方澳。南方澳是蘇澳的一個村，距離白米橋不遠，在村後南安國小的附近，有一個陡峭的步道可以直接連接蘇花公路。單就里程數據而言，

這可能算是一條捷徑，但是從臺階的坡度以及中途氣喘吁吁的次數來看，這條捷徑很艱難，並不怎麼快捷。

當然，這些都不重要的，選擇南方澳只是為了南方澳。這是一個有故事的漁港，只從公路邊掛著「南方澳港口啟用90週年紀念」等字樣的條幅標語來看，它就有著足夠的內涵。走進去，果不其然，被它深深吸引。港口裡停留著密密麻麻的漁船，即便不規整無章法，也沒有絲毫不妥，恰是用無序在演繹一種凌亂美。在這裡，可以盡致地感受到港灣的溫馨與靜謐。一些船隻上有著兩端栓在桅桿上的吊床，裡面躺著船員，他們在悠閒地蕩晃著，享受著這出海前難得的清幽；幾隻緊鄰的漁船上，幾位婦人湊近著輕聲細語話家常，身邊舖開著需要晾曬的被褥；水邊幾個外勞正圍著烤爐煽火，旁邊躺著幾隻鮮魚，在爐火的正上方，一條焦黃的魚已經在散發著濃濃的魚香。我之所以被吸引，可能源於我對漁港的傾情。年少時我就有著做一個船員的幻想：以捕魚為生，以港灣為家，馳騁大江大海，水滸傳內的阮小七在曾經很長一段時間內是我想要成為的角色。而鄭智化的《水手》，在一定程度上，也加深了我那不成熟的想像。

在我眼中，南方澳的精彩不只在於港灣的溫馨與靜謐，更在於它濃郁的宗教氛圍。我們都知道，在討海人的心中，媽祖有著至高無上的地位，漁村有媽祖廟是自然而然的事，尤其在臺灣這個媽祖信仰昌盛的地方。可是沒有想到一個不足萬人的小小漁村，竟然有著多處宗教空間，撇開三太子宮、城隍廟，以及基督長老教會不說，只是供奉媽祖的就有進安宮與南天宮兩個，且這兩個廟在整個臺灣都比較知名，長期香火鼎盛，吸引很多外地香客朝拜。進安宮供奉的媽祖像由珊瑚雕成，是較特別的；而在南安宮，三層建築物分別供奉著數種媽祖像：第一層是原本的媽祖像，以及從湄州迎回的五尊媽祖像、二層與三層則是玉身與金身像。這些都為南方澳的宗教屬性增色。走上南天宮的三樓，港口船隻盡收眼底，好像媽祖在鎮守著整片大海，庇護著這些漁民，讓他們出海捕魚能夠平安歸來。這多重景象的交織與契合，讓我覺得南方澳是我見過的最精彩的小漁村。

倘若今天的行程只分為兩段，那除了南方澳這部分以外，餘下的必然是蘇花公路了。對於徒步環島者而言，蘇花公路是南北走向的唯一通路，這也使得這條路成為了邂逅勝地。剛走上蘇花公路沒多久，迎面就走來了一位獨身的姑娘，即便沒看到她背著碩大的行囊也猜得到她是在徒步環島；畢竟，除了以徒步環島這個名義外，幾乎沒有人會願意在這裡步行。她的出現，猶如給我吃了顆定心丸，一個女生都已經徒步穿越了蘇花公路，一個大男人還能有什麼膽怯與猶豫呢！沒多久，這條路上忽然熱鬧起來了，因為一共四個徒步環島的人在途中扎堆相遇，後來又有兩個單車環島者加入攀談，在這空曠的山野裡，人少車多的蘇花公路上，顯得格外有帶感。當砂石車從旁邊經過的那一刻，我覺得我不再是弱勢群體，因為鑒於人多勢眾，它在主動放緩避讓。當然，分道揚鑣後，回歸常規現象，快感只有那一會。

總結了下，可以發現，現在我所處的這個群體碰面時，會有幾句例行問候語，譬如：你從哪裡出發？順時針還是逆時針？今天第幾天？那我就再回答下：我從臺中出發，順時針方向，今天是第十七天。

走出宜蘭 蘇花已半

日期／2013.10.22
天氣／晴
腳程／28.53 km
路線／南澳——和平
夜宿／鳳冠大飯店

蘇花

草木綠萬山
魚海藍一洋
禾田玉滿塘
花蓮靜前方

在我看來，繁體的蘇，一個非常有意境的字，它有草、有魚、有

禾，單單一個字就營造了一種魚米之鄉的氛圍。而「蘇花」這個詞，更是妙趣橫生，它作為一條路，在當下，於正徒步其上的我而言，情趣更上一籌。為此，玩詩一首，賦名「蘇花」。

以前出行，碰上風景好的點，我總是有股欲望要坐下來抽上一根菸，靜靜觀望。而今，蘇花公路上的風景是一條線，不方便逗留以及抽煙，所以，在前行的路上，我改用了一個新的招數，試圖用文字遊戲來釋放我對美色的眷戀，不能說陶冶情操，但至少可以消磨時間。蘇花這條公路，終於讓我明白了真正意義上的風景線，它真的是一道具象的線，即便是一條過於彎拐的曲線。

今天的天氣終於告別了烏雲與陰雨，讓這一道九拐十八彎的風景線增色不少。由於天氣過於晴朗，身體失水較多，隨身帶的水很快要用完了，但沿途罕有村落，無法補給。人在窮困時總會蹦發一些點子，無奈之際，我想到了隨身有帶馬克筆和復印紙，倘若我在白紙上用粗黑字寫上「**我要喝水**」，然後舉著它立在路邊，憑臺灣人的熱情，一定很快就會有車停下來，給予救濟的。正當我準備著手操作時，在路邊的拓寬區遇到了一對停車下來看風景的夫婦，他們扭頭望來，我點頭微笑示意，走近後他們主動攀談，結果我省下了筆和紙，而他們恨不得把車裡的半箱水都拿出來贈送。

天氣好是讓人神清氣爽的一個原因，而另一個則是來自外人的友善。除了慷慨贈水的那對夫婦以外，一路上，不斷地有人搖下車窗，伸出大拇指，大聲喊加油。蘇花

公路，無論是徒步還是單車環島，這都是唯一的路線，狹路相逢在所難免，可是今天遇到的腳踏車尤其的多，所以我的大拇指頻繁豎起。似乎這已經成為了潛定律，當迎面相逢時，雙方都以大拇指相對，彼此鼓勵，尤其在蘇花這一段。我想之所以大家如此善意地統一手徑，應該是想為彼此帶來好心情，這樣也才配得上蘇花路上這段好風景。

一路上，與兩個騎行者有過短暫交流，一個學生模樣的年輕人，衝著我喊加油，我一聽就明顯的大陸口音，我直接問他大陸哪裡的，他留下一句浙江，就順坡急速下溜了。而另一位，因為上坡的緣故，剎車起來比較容易，他停下來跟我聊了一下，得知他是吉林大學過來新竹清華大學交換的學生，已經騎了九天，還有兩天就可以回歸起點了。我當面對他表示欽佩後，表露了自己同為大陸人的身份，當然，這賺回了更多的讚歎。果然，越來越多的大陸人在躋身環島臺灣的陣營，由於時間關係他們往往只能選擇騎行，不過，倘若假以時日，如我者必層出不窮。

今天出發前，我更意識到我們這些徒步者與騎行者都是蘇花公路上的異類。早上，我打開谷歌地圖想要確認接下來的路線，可是在步行選項中，結果總是無法成功，於是切換到行車選項，路線圖就閃現了出來。原來在谷歌地圖中，默認了這段蘇花公路僅限車行。其實，谷歌是對的，蘇花確實不適合步行，絕大部份路段僅為雙車道，而很多時候車道的邊緣白線與山與海僅有二三十釐米寬，迎面駛來重型大車時，能做的只是站立不動，身體微微外傾。在拐彎處，要習慣注意看豎立起的凸面鏡，如果有來車，也要按兵不動，因為長型車的拐彎半徑有時很難掌控。倘若富貴險中求的話，那麼，在蘇花公路上的徒步者所踐行的一定是美色縫中生，他們要頻繁夾在車與海之間的縫，夾在車與山之間的縫。

一路南下，在夾縫中走了兩天，終於走出宜蘭，今天夜宿的「和平」已在花蓮縣境內了。它算是蘇花公路中點站，再過兩天，落腳花蓮，便可將蘇花公路貫穿。

Day 19

太平洋的風

日期／2013.10.23
天氣／晴
腳程／33.35 km
路線／和平——秀林
借宿／賽德克文史工作室

太平洋的風
半山半海伴己影
一石一水怡島情
塵世莫言踏天路
人間得幸有太平

玩詩一首，致敬胡德夫，以及其「太平洋的風」。他的歌聲，以及

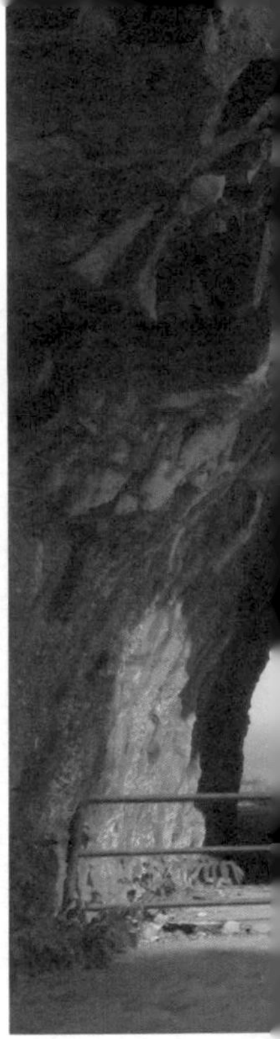

歌詞的內容，對我而言，既是一種催情，也是一種煽動，讓我徒步穿越蘇花公路的決定更堅定，這樣的話，我可以盡情地吹上太平洋的風。在我看來，腳踩蘇花，是親近太平洋的最佳方式。

太平洋風景線的精彩在於蘇花公路，而蘇花公路景色的精彩在於清水斷涯，於是今天路途上的風景將會被推上一個高潮，因為，要路過它。一路南行，右手邊是陡峭的崇山峻嶺，左手邊是呼嘯的碧海，腳下是蜿蜒起伏的蘇花公路，在每一個拐角處，視覺的錯位，都像是踏上了通天路。山、海、路，似乎鋪滿了眼前的整個世界，鏡頭裡的任何一張照片都離不開這三個元素，它們牢牢佔據著主角的位置，二者之間每一次隨性的搭配都是一場風華絕倫的視覺盛宴，一路上，應接不暇，絲毫不會讓人覺得枯燥，曾經對審美疲勞的擔憂成了多餘。

倘若為今天的畫面挑出個第四者，那非隧道莫屬了。其實，隧道也不過是山和路的一個隨性組合，只是因為缺乏了海而稍嫌乏味。蘇花公路上的開山隧道主要集中在這一段，之前的兩天，每天只是穿過一條隧道，而今天的路段，粗略算了一下，大概是八個。不僅在數目上大不同，在修建年代上也大不同。最開始的兩個隧道，屬於新建，或者新改建，兩側邊都有一條五六十公分寬被抬高後的排水溝，行走在上面，不用過分畏懼迎面駛來的車輛；但是今天的幾個隧道，可能是比較久遠的緣故，進去後猶如邁入了水簾洞，水在洞頂肆意下滴，而且兩側無溝，空間狹窄，行走在內，極度

缺乏安全感，讓人略感恐慌。可這自有妙處，因為在山的那一邊往往是海。在一條冗長的沈悶空間內急促地緊張前行，走出隧道步入明亮，眼前看到的不僅是豁然開朗，更是一片浩渺無邊的寬廣。這欲揚先抑的手法，帶給行人大起大落的心境，真是別有一番風趣。倘若沒了這斷斷續續的隧道，那這番美景豈不是演繹得有些平鋪直敘，從冗長走向寬廣，這才是好劇本的模式。隧道的間歇性存在，會加深穿越者對太平洋的渴望，更不用談視覺的轉換了。這樣看來，它們倒值得褒揚。

無可否認，今天領略的是整個環島行程中的一個高潮。倘若環島第五天，在苗栗頭份

遭遇竊賊，是人為釀造的一次高潮，那麼在第二十天，我迎來了另一個高潮，它是自然而然的，因為這來自大自然的催生。對此，我很欣慰，卻又有憂愁，我會擔心清水斷涯帶來的高度是後面無法超越的，讓我有「五嶽歸來不看山，黃山歸來不看嶽」的落寞。

就在剛剛，翻看了今天沿途的照片，我甚至有了折返回去再重新走一遍的衝動。為了給高潮的餘味留些時間緩衝，我考慮明晚抵達花蓮市區後，在這蘇花公路的終點多停留幾日。當然，也算是給自己放個小假，稍作休整。

Day 20

花蓮是一個褒義詞

日期／2013.10.24
天氣／半陰半晴
腳程／26.07 km
路線／秀林——花蓮
借宿／富國 Hotel

一早醒來，打開電話，看到一條訊息，驚醒。他說自己先走了，為了不打擾我睡覺，就沒有當面告別。內容來自於前幾日路途偶遇結識的伙伴，第二天分道揚鑣後，我們約在蘇澳會合，然後一起共患

難，徒步蘇花公路三天，昨晚，我們一起夜宿在賽德克文史工作室，今天六點多鐘，他提前離開。

我不清楚這種告別形式是不是他特意的選擇，但是對我而言，這確實是一個相對更能接受的告別方式。因為，面對一些不想說再見以及不得不說再見的人，離別總是一件傷感的事，這種場景我傾向於盡量避免。

難得兩人行程一致，且意氣相投，蘇花公路上的三天，不會讓人因為孤單而顯得路漫漫。但是，或許彼此都明白，結伴只能是短暫，情同義投終歸不代表默契無間。既然選擇隻身徒步環島，則說明其已能與孤獨抗爭。徒步環島，總體上被我視為一個人的狂歡，中途可以有人陪伴，但我不接受全程作陪。倘若成雙扎堆出現，當初的色彩也就變味了。漂泊，孤單，陌生，未知，新鮮，刺激，這些是我在起初就賦予它的色調，主旋律不能變。想必，很多時候那些孤身上路的徒步環島者，也正是在謀取一個人的狂歡，如我如他。所以對於狹路相逢的我們而言，離別總是在所難免，即便會有一絲憂傷，也在所不惜。路途相遇的一些人，都將是整個旅程畫面的點綴色彩。很多擦

肩而過的人，已逐漸湮沒成一片灰白，而這位伙伴，儼然成為了其中的一點亮色。對此，我需要說聲感謝，以及保重。

昨晚，得幸在泰雅族部落與賽德克人一起吃了大鍋飯，這是我與臺灣原住民的第一次親密接觸。對於原住民，一直持有好奇態度，抱有探知的興趣，但卻終究沒能深入了解，而眼下忽然就出現了一個好機會。飯後，與主人的交談，也算是一堂常識普及課。他口中的原住民紋面習俗，以及當年賽德克人與日本人對抗背後的故事，都讓我受益頗多。他投身泰雅族紋面研究已數十年。其實，在此之前我約略知道，像他這種文史工作者，在原住民的很多領域大有人在，他們的存在，使得臺灣原住民文化得以經久不息，值得讚賞。臺灣原住民的傳統文化保護幾乎已經快要被做到了極致，可是對於大陸的一些少數民族，他們的歷史文化如此深遠，而他們的覺悟意識卻如此淺薄。在匆匆發展經濟的時代，他們可以輕易毀掉自己無價的瑰寶，而毫不手軟心痛。這點應該是我豔羨臺灣的地方，如同我對臺灣的鄉村推崇一樣。

與主人道別後，徑直出發，下一站是花蓮市區，它是蘇花公路的另一個端點。其實南下花蓮的這一段路，我並沒有走蘇花公路，而是選擇順著七星潭的海岸線一直前行。前三天的蘇花公路，距離太平洋是很近，卻也很遠，碧藍的大海雖就在眼前，水平上零距離，可是有著斷涯的高差，讓人不能親近，真的只是望洋興嘆。今天則不同，整個兒換了一個節奏，太平洋就在觸手可及的地方，水邊是廣闊的卵石面，而非車流不息的公路，不用過於警惕避讓車輛，可以隨性而停，或坐，或躺。本想下去太平洋暢遊一番，可是它的性情過於飄忽不定，風浪時大時小，讓人卻步，我只能作蜻蜓點水般的挑逗，而不能暢快相融，不過這絲毫不影響與它相伴的興致。在這段簡直是拍偶像劇的片場的海岸線，走走停停看看，慢悠悠地，沿著海邊，從正午竟然走到夜幕降臨，這也使得今天的平均速度降低到了歷史最低，跌破了三公里每小時。這是一個可恥的速度，卻是一個浪漫的記錄。

花蓮，很美。究竟有多美，若花似蓮，只是看這名字的就不言自明。在整個臺灣三市十二縣以及五個直轄市這二十個地名內，想必沒有能比花蓮更悅耳更怡目更動人的名字了。儼然，「花蓮」這兩個字本身就是一個褒義詞，成為了美麗的代言。

而在一個美若花蓮的地方，匆匆而過似乎是一種暴殄天物的惡行。花蓮之於我，成了一個值得紀念的地方。在我抵達它的這一天，環島已整整二十日，更貫穿了全程最危險的蘇花公路。在這個節點之上，我要為自己放次小假，以示慶祝。

事實上，我不得不暫停。蘇花公路上連續三天的暴走，使得我的右腿勞損過度，隱痛不已，以致不便高強度行走，它需要休息了。

Day 21

下半場 開始

日期／2013.10.27
天氣／陰不陰 晴不晴
腳程／22.38 km
路線／花蓮——壽豐
借宿／壽豐國小

徒步二十天，穿越了蘇花公路，過了全程最難關，粗略算了一下，路已過半，花蓮成了整個環島行程的中點站。歇腳兩天，重新出發，今天算是一個新的起點，環島行程已經進入下半場時間。

考慮到接下來的一週時間，很可能都會穿梭在花東縱谷之中，便特地繞去花蓮港，再順著海岸線走上一段，作為與太平洋短暫告別前的溫存。太平洋的浪濤依舊洶湧，但風吹日曬浪大也不能讓一些人割捨掉對它的眷顧，尤其是海邊的垂釣者。在我眼中，他們是一道靚麗的風景線，可以輕易看出這背後隱藏的個人情趣與生活態度，這即便不值得效仿，但至少值得我欣賞。而這種生活態度，對於女性而言，似乎難以領悟，我們習慣了老人與海的故事，倘若把老夫的角色換成老婦，那這畫面感一定會讓人很痛苦。或許，孤獨只是適合留給男人，與女人格格不入。

且不說臺灣是否精彩，但它必然多彩。路途上，遇到幾個高壓線下的巨型混凝土柱，它們原本單調的灰色軀體被彩繪包裹，雖不說美侖美奐，但至少讓人耳目一新，為疲憊的視覺帶來一絲調和。其實，這樣類似的事情，一路上見到太多。街邊的設備箱，幾乎都被繪上各種圖案，試圖把突兀的妨礙物變成藝術品。這是司空見慣的事情，在未開啟環島之前就已頻繁見到，而踏上環島路後，有了更多的發現和更深的體會。山坡下的一堵擋土牆，被刷成白色，而牆體上凸起的大

顆鵝卵石則被刷成了五顏六色；走在立交高架橋下，抬頭上仰，橋底的水泥色被各種彩色繪畫覆蓋；走過一些橋，欄杆刷成了彩虹色，每一小段就是一個顏色。這不僅是一種情趣，也同樣是一種生活態度。對彩色生活的追求，甚至理解成整個社會向精神文明世界的一種邁進。有這種細微的心思，而且可以得到貫徹實施，在我看來，這是一件了不起的事，即便一些圖案的觀賞性值得商榷，但依舊值得稱讚。

未來臺灣讀書前，在申請學校階段，我就詢問一些人臺灣最漂亮的大學是哪一間，答案除了東海大學以外，出現次數最高的還有東華大學，所以一直很想到校園環境與東海比肩的地方看一看，今天就是一個機會。我特地繞到正門口，然後才畢恭畢敬地走進校園，可是剛走進去一段就湧來一股反感。寬廣綠意盎然的校園軸線，兩邊立著成列的高大棕櫚樹，看上去賞心悅目，驚到我的是軸線正對著的是端正冰冷的行政大樓，把這種性質的建築物作為中軸線上的第一結點，一直是校園規劃設計方案裡，我最不待見的一點。臺大椰林大道的盡端，如果不是圖書館而是行政大樓的話，這條路的美譽估計就被毀了一半。圖書館與行政大樓，一個代表知識，一個代表權力，核心位置該歸誰，不言自明。官本位是大陸的劣根性，沒料到在這個口碑如畫的校園也同樣得到彰顯。繞過行政大樓，稍稍緩和，負面情緒開始轉向正面。大片的草地，頗有設計水準的建築物，加之湖光山色，這些讓我理解了為何當初它的提名次數較多。我得承認，東華大學是一個漂亮的學校，如果再美一點，就可以趕上東海了。

壽豐鄉不缺民宿，然而它們大多分布在鄉野地帶，在火車站這種沒有景色的地方，很難找到落腳處。對此，我並不擔憂，因為車站旁邊有著派出所。之前，太多人跟我提過，比起國小，借宿派出所更穩妥，而且東部的警察都很熱情的。有他們的話作為鋪墊，我像是吃了一顆定心丸，然後徑直走近派出所，招牌上寫著：花蓮吉安警分局壽豐分駐所，門口的兩位警員熱情客氣接待，我交代了下自己情況，他們讓

我先坐下休息。後來，我詢問我今晚睡在哪裡時，接待者把我的問題轉給了一直在旁邊電腦前不動聲色的警員，意思是讓他的領導決定。他了解了我想要借宿的想法後，毫不含蓄地擺起了官腔，說派出所是辦公的地方，不能留宿，還假意地幫我指了一個小廣場，稱不嫌棄的話可以睡那，我以為既然他這麼建議，應該不會太不靠譜。睡在室外我依舊能接受，但鑒於上次被竊的陰影，我問能不能把背包寄放，他回說：不知道你包裡有什麼東西，到時候你說丟了東西我們怎麼辦。我搖頭興嘆，然後跟著剛剛接待我的年輕警員過去一看，竟是個黑乎乎四邊沒有遮蔽的車棚，我當場就怒了。臨走前，我憤憤地問了年輕警員他領導的職位，回應說是副所長，我繼續追問名字，他明顯感受到了我的恨意，避而不答。晦氣，這應該算是遇到了一個警界奇葩。

這位副所長澆滅了我對派出所的美好幻想，但尚且不能動搖我一直相信著臺灣人有熱心腸。我選擇成為打不死的小強，走進了更偏遠一點的壽豐國小，最終，被一位阿姨收留，她幫我安排了住處，關懷有加，臨走前，還為我送上了一個削切好的蘋果。

Day 22

青春是一場 暴走

日期／2013.10.28
天氣／先晴後陰間有雨
腳程／48.88 km
路線／壽豐——瑞穗
夜宿／華榮旅社

今天，在路上時間接近十二個鐘，跨越近五十公里，儼然是一場暴走。而青春也似乎是一場暴走。這個詞作為動漫術語與遊戲術語，所提煉出的意思是近似瘋狂的狀態或者行為，這瘋狂不恰好就是青春

的屬性嗎！

在上一次做學生之後，這一次做學生之前，我在大陸出過一本書，名字叫做青春是一場春夢，記載了我的大學五年。由於時間已經過去久遠，書似乎都已下檔了。不過這幾日，有兩個讀者看完書後在微博上突然「艾特」我，這把我拉回到往日的青春記憶之中，如果往事不通過文字被記錄，很可能都已經被我遺忘。即便沒有遺忘，現在回想，那本書中的那些事似乎都是發生在另一個人的身上，與現在的自己倒不是很相關了。

青春是一場春夢已經是我的過去式，對於眼下正在徒步環島臺灣的我而言，用「青春是一場暴走」會更貼切。如今，已步入第二春，曾經酣暢的春夢已經潛移默化為機械的自慰。還好，雖說少了些甜美，可快感總是類似的。

青春應該是瘋狂的，這也是我一直所追逐的。只是，在荷爾蒙高漲的青春期，我所認為的瘋狂，往往是把校內操場當作野戰場，把火車臥鋪車廂當作炮房，在二十歲的年紀與三十歲的姐姐共床。沒錯，這些是青春的瘋狂，我依舊可以讚賞，可是這些清一色的邪性瘋狂，太低檔。或許，它們可以作為未來口中的談資，但始終是登不了大雅之堂，而且這個未來的期限必然不長。我們終歸需要些正氣的瘋狂，可以作為一輩子的談資，且能夠擺在檯面之上。眼下，徒步環島，正是我所演繹的瘋狂，它讓我感受到了滿滿的正能量。

太巴塱
WELCOME

今天是暴走的一天，既有字面上的本意，也包含了延伸意之瘋癲。無論是行走時間，還是前進路程都超過了常規水平，達到了我的極端。途中無數次與自己抗爭，最終，用毅力克服了體力，抵達出發前預設的落腳點。我把今天的里程作為一個挑戰，得到了戰勝自己的快感，卻由於急匆匆的腳步，而弱化了沿途的風景。雖說是弱化，但畢竟不是無視。在我的印象裡，全程都是滿山滿田的綠，即便同為綠色，卻也不會單調，它囊括了不同深度的綠，嫩綠、深綠、蒼綠、翠綠、黃綠等色調匯集，好似一場綠的盛宴，這是大自然的色彩美學。我承認，我過於陷入了與自己對抗的遊戲之中，而忽略了與縱谷田園風情的共融。好在，後面大同小異的風景可以作為今天的補充。而且類似的瘋狂，玩一次就足夠了，在接下來的行程中，非特殊情況的話，都會控制在四十公里以下。

這里程碑的一天，之所以有充足的時間，要感謝昨晚的夜宿點。我被安排在了國小的替代役宿舍，一大早，六點鐘，就有提早來學校的小學生在門口喊人，這是他們與阿兵哥的默契，負責做人肉鬧鐘。我就跟著阿兵哥起床了，他需要執行任務，任務竟然是站在學校門口迎接小學生進校園，這真好玩。想一想，絕大部份臺灣男生都有十一個月的兵役作為間隔年，這樣的人生從某個角度看，還挺絢爛。

Day 23

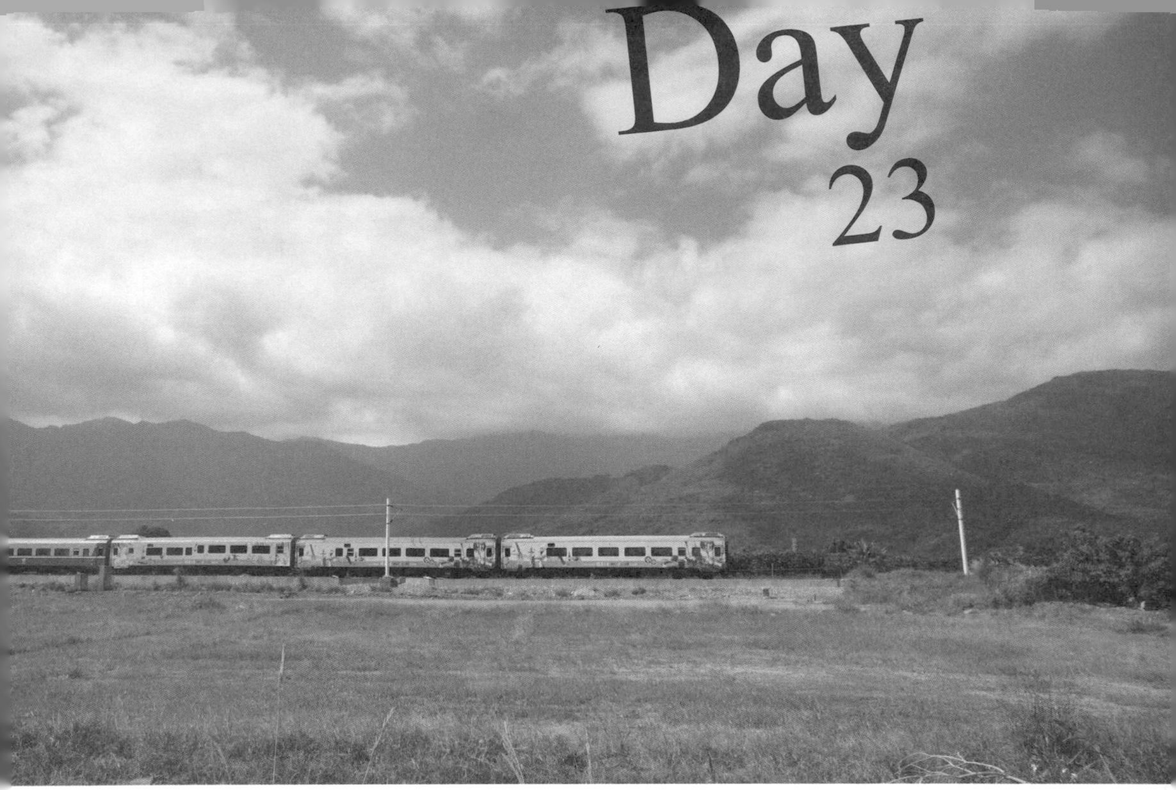

瑞玉沃土 魚米鄉

日期／2013.10.29
天氣／上午晴天 下午陰雲
腳程／23.30 km
路線／瑞穗——玉里
夜宿／東興旅社

花東之鄉

兩屏一谷縱成廊，滿山滿田滿風光。
風清草柔綠如洋，花開稻盛百里香。
秋陽撫穗鍍金黃，腹地澤國手一方。
渠直水幽入海塘，瑞玉沃土魚米鄉。

從瑞穗到玉里，這一路沿途的視覺景象，基本上全部濃縮到這六十個字裡了。中央山脈與海岸山脈作為兩道屏障，縱向延綿近兩百公里，中間的峽谷成了一道不可多得的帶狀腹地，猶如四川盆地內被四面群山圍繞、享有天府之國美譽的成都平原，良田萬頃，物產富饒。這個時節，放眼望去，滿山遍野的綠意，猶如一片廣袤的綠色海洋，清風吹拂，綠浪陣陣。秋意轉涼，這秋陽下的稻穗煥發的綠意已經在逐漸轉為金黃。再過一段時日，到了收成的季節，這萬畝糧倉的谷香，以及路邊綻放野花的芬芳，一定會瀰漫在這百里長廊。田間地頭筆直的水渠縱橫交錯，渠中的水幽然流淌，曲轉之後，匯入一山之隔的太平洋。這塊帶狀腹地盛產的稻米聞名遠揚，足以惠及四方。享譽魚米之鄉的地方有很多，而眼下的這瑞穗這玉里，才更配得上魚米之鄉。

當然，這魚米之鄉不僅僅只是適用於瑞穗與玉里，在這花東縱谷裡，我錯過的地方，以及我接下來要走過的地方，情景很可能都一樣。

比起昨天的四十八公里，今天的二十三公里還不足一半，在天尚未轉暗之前就輕鬆完成，我很慶幸可以有時間在玉里的街巷裡晃蕩。在我剛步入市區一會，就有一種相見恨晚的感覺，整個小鎮的街道格局與形態都非常接近我曾經對臺灣非濱海小城鎮的暢想，新與舊，古與今，高與低，寬與窄，傳統與現代，紛雜與有序，結合得都很微妙，破敗而不蕭條，無序而不亂糟，面積不大卻便利周全，流露著濃郁的地氣與強

韌的生命力。這讓我馬上就喜歡上了這個地方，這還是一路走來的第一次。

晚飯去了一家掛著玉里麵招牌的小店，除了我以外，客人淨是穿著學生制服的國中生，渾身上下流露著青春的氣息，我不禁對他們豔羨一番。可是忽然想到我自己也是學生，便樂上眉梢，距離感一下縮減了很多。多日來與學業無關，我都差點忘記自己作為學生的身份，真是有些慚愧。

填飽肚子，我又在街上晃悠了一圈，然後，躲在便利店的休息區歇腳寫文章；這是近期來常做的事情，只是今天出現了反常。當我正在為糾結於今天那六十個字的選字時，一位素未謀面的陌生姑娘從背後突然出現，手裡遞出一隻飲料，說是送我的。我面露疑雲，她解釋稱今天剛好有看我臉書專頁，了解到我今天走到玉里，還心想著能不能遇到，結果竟真的給碰到了，玉里還真是小。

嗯，玉里是小，可這更好。

每個人都是陶淵明

日期／2013.10.30
天氣／晴多陰少 晚有雨
腳程／27.65 km
路線／玉里——池上
夜宿／南瓜民宿

天下有沒有不散的宴席，我不知道，可今天我知道了，天下是有免費宴席的。

出了旅社大門，就近進了一家早餐店，時間已經快到十一點，只好雙餐合并，待會要一路奔波

到晚飯時間，一定要吃到飽，飢腸轆轆，所以只是蛋餅就喊了兩份，這是一頓豐盛的早宴。飲足飯飽，臨走結帳，老闆娘執意不收錢，說是請我了。原來這得益於我徒步環島的行為以及大陸人的身份，最開始我不同意，覺得不能隨便虧欠別人，畢竟小本經營的生意都不容易，起早貪黑的，可是當她說出「我去大陸時也有被他們請吃飯啦」後，我就順從了。這是禮尚往來的延續，這是良性循環的節奏，我不能終止它。這免費的早餐，不僅要感謝這臺灣老闆娘，也要感謝曾經施惠於她的大陸人。前人種樹，後人納涼，我納在了她口中的大陸人種的樹下，眼下我是納涼者，我也會為後來者種下更多的樹。

辭別了老闆娘，往前走，在一個路口，竟然又遇到了昨天在便利店送我水的姑娘，寒暄一番，揮手再見。我只是在玉里停留了一個晚上，竟然像住了很久一樣。這些讓我覺得在未來我一定會再回訪這個地方，從第一眼就相遇恨晚的印象，到隨之而來的諸多美妙印象，已經足以讓我經世不忘。

沒有像前兩天一樣，一直沿著臺 9 線走，今天絕大部份走的是鄉道。不知道是路線選擇造成的差異，還是本身兩個路段的風光本身就有別，今天路途的田園風光更風光。先不說景色，就講下人情。

鄉道上一般都是些行駛緩慢的農用車，可以放輕鬆很多，而鄉道的另一個好處是它可以把人帶入更深處的二線鄉村。路過一個村莊，一位大哥從背後對我吼了一嗓

子：吃飯了沒。這句北方打招呼用語，突兀地在這海峽對岸太平洋邊的縱谷出現，讓我剎那間有了種穿越的感覺。我愣了一下，他繼續說，沒吃飯的話我請你吃飯，我看了一下表，時間接近一點，正是午飯時間，這不是在打招呼。我趕緊揮手致敬道謝，說我剛吃過，不用麻煩了。這一路上，有在自家門口做農活的婦人，村口有在為莊稼噴灑農藥的老夫，他們見我走來，都會笑臉相迎，揮手問好，然後我便停下來，湊上去聊一聊。雖然談話內容都停留在淺層面，但總歸能感受到人性的美好。

這些位於鄉道邊的部落村寨，脫離了主要交通道路的喧囂，靜臥在這縱谷深處，坐擁天屏青山，以及廣袤天然良田，或綠油油，或金燦燦，頗有幾分近似桃花源。村裡大凡房舍雖簡單，卻不簡陋，更不寒酸。讓人歡喜之處，即便是在這偏遠的村落，街道依舊可以整潔，雖然都是農戶人家，可家家戶戶的庭院都花團錦簇，鬥艷爭香出圍牆。生活情趣，一目了然。我在想，我現在若有著做隱士的欲望，那完全就可以在這路邊隨便挑個村莊住下了，它們完全可以實現「採菊東籬下，悠然見南山」的田園訴求。

對於我這個過客而言，家家養花是一種美談，可戶戶養狗則成了一種討厭。每穿越一個村莊就會被家犬狂吠，一個人很可能引發整個村的狗集體汪叫，還好大部分都是被鎖在庭院內的，即便兇猛，也都是無用功，而放養在路邊的家犬，通常不會過於暴躁。可是，不得不防。今天就有幾隻沒有拴住的狗直奔我衝來，我第一反應就是把隨身攜帶的登山仗變相派上用場，充當打狗棒，它們見狀，就紛紛做了夾尾巴狼，一副落水狗樣。這招屢試不爽，從今，就不用再顧慮被惡犬襲擊了，要以攻為守。

抵達池上後，晚飯必然要吃大名鼎鼎的飯包便當，錯過了福隆不能再錯過池上。吃飽後，尋找落腳處，來到一間民宿的三樓，我問這裡有沒有網絡，他回答只有一樓才有，三樓信號太差，報修了幾次，沒人來弄，政府就這樣。我心想，這個理由太遜了，路由器信號弱本身不該政府管的事，為此怪罪政府，拿它來做擋箭牌，那這和天氣糟糕就罵馬英九的流氓邏輯有什麼兩樣。

從綠稻走到黃穀

日期／2013.10.31
天氣／白天晴天 晚上陰雨
腳程／29.50 km
路線／池上——瑞源
夜宿／永晴民宿

今天的目的地是鹿野，但是未遂。

倘若我選擇走順暢的臺9線，今晚已經身在鹿野，可是我不願錯過伯朗大道，這可是多人向我推薦的好評路段。於是，出了池上市

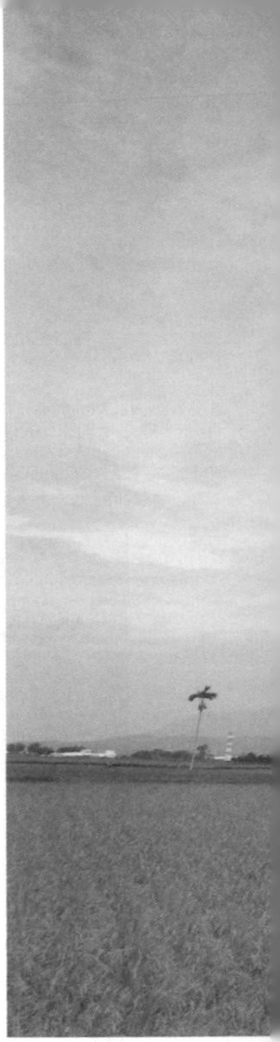

區我就邁進了田間小路，進入伯朗大道一帶後，面對著這同樣是稻田堆積出的景色，我想到了一句廣告詞：沒有最好，只有更好。其實，在前兩天，如詩如畫的田園景色已經達到了我對高潮期待的高度，讓我不能要求更多，沒料到接下來竟然連續被刷新。

被這景色吸引，我沒有給自己退路，繼續往田間深處走去，結果就沒有再返回臺9線。走了不少之字形路線，繞進了幾個原住民村落，翻了山爬了坡，而且幾乎差點脫鞋赤腳淌過一條河。最後，在夜幕全落時，我只是走到了瑞源，這個介於關山與鹿野中間的村落。

這一路的景色，從北往南，稻田已經從綠油油到了黃橙橙，視覺效果上倒是動態的。今天的這段路途，已經見到有農戶開始了收割。還記得十月一號，我從臺中出發時，路過的稻田，可是一片翠綠色。今天剛好是十月的最後一天，已經整整一個月了，經歷了這一段時間，我們都在變，可是我幸運了些，因為我是收穫的主語，它們是收穫的賓語。等走完一圈，再回到臺中後，田野裡想必輪換成了另一種景色。從綠稻走到黃穀，從夏末走到冬初，這倒成了整個環島行程的另一種詮釋。

火車站邊，遇到一中年男子，看他對我一身行頭感興趣，便停下來跟他聊了幾句。我向他稱讚這一路風景很好看，他生活在一個好地方。他的回答倒是讓我意外，他說大陸更漂亮啊，自己長年生活在這縱谷，倒覺得這些景色都很平淡。我怔了一

下，想想也確實。不可否認，大陸是有很多更漂亮的地方，不過臺灣優勢體現在很多美景都扎堆集聚在了這一個小島上，成了濃縮的精華，從蘇花公路邊蔚為壯觀的人間險境太平洋切換到桃花源般的人間仙境花東縱谷，兩種大相迥異的卓越景色，兩種截然不同的視覺感受，僅僅一步之遙。而他對自己生活的地方沒有推崇和讚賞，大概真的是應驗了審美疲勞。

今天，我與火車站並非只是擦肩而過，我搭乘了火車。停留在瑞源是個意外，這是一個小鄉村，設施不夠齊全，找個落腳處似乎都有些困難，路邊見到一個民宿招牌，打電話過去問詢，價格不菲，一個人住略顯奢侈，正當猶豫之際，友人來電。他們明天登山今晚將夜宿關山，民宿已經訂好，我可以過來扎堆。於是，我就走進了瑞源火車站，然後坐進了火車，十分鐘後就到了關山。明天，我還要再坐上一趟，回到瑞源站，然後在今天的終點開始新的一天。

坐進了火車，雖然僅僅短短十分鐘，可對我而言，這感覺太好了，真是一件幸福的事。每一天，看著一列列火車從自己身邊掠過，雖然通常嘴硬說不屑，可是有時在疲憊不堪的情形下難免眼饞，會很期待坐著火車穿行的感覺。這也讓我滋生了一個念頭，當我完成「徒步環島」後，我一定要來一次「火車環島」。

昨天剛走出花蓮，步入臺東縣域，還沒走遠，這花蓮就開啟震動模式成為震中了。傍晚突發的地震，搖晃得厲害，不過我倒是平靜。首先，我只是在一樓的便利店內，其次，在臺灣一年多，大震小震很多次，基本上可以做到處變不驚了。更重要的是，倘若真是天災，那很可能是躲不過的，有時候這還真得看命了。

Day 26

是山是海　是月光也是焚風

日期／2013.11.01
天氣／參照昨天
腳程／32.84 km
路線／瑞源——臺東
夜宿／馬可樓背包客棧

不是今天風景不好，只怪前幾天風光太好，這種相對落差，雖說在預料之中，也難免導致我的精神氣衰落。今天，勁頭都奔著趕路了。

當我一頭勁往前走的時候，被一位騎機車的女生喊住，她竟然開口找

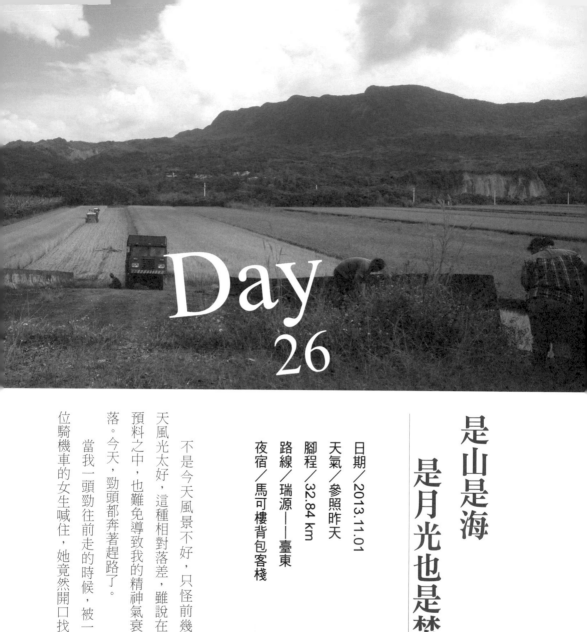

我問路。要知道，在此之前，這一路上，可是一直都是我找別人問路的，從來沒有別人找我問路。單看我這一身裝束，也就明顯知道我是外來戶。可是她竟然問對人了，我憑著記憶中的路線回答了她該往哪個方向以及從哪條路過去池上。我用大陸人的口音，在陌生的臺灣鄉鎮，幫一個臺灣人指了路。這種感覺沒辦法不奇妙。

經過這一路，曾經那些只是抽象的地理名詞，諸如羅東、池上、瑞穗、玉里、蘇澳等，我完全沒有具體的方位概念，如今在我的腦海中都有了明晰的坐標。即便是之前從未聽聞過的頭份、楊梅、頭城、秀林、壽豐等等一連串的地名，現在也已經變得具象而立體，不再空洞虛無，這些讓我覺得自己與臺灣的距離越來越近，從遙遠的陌生到普遍留下印記。在未開始環島行程前，我毫無底氣去說自己比臺灣人瞭解臺灣，可是我想，當走完這一圈以後，我對臺灣的認知起碼會達到臺灣民眾的中游水平，至少在地理版圖上是這樣的。

臺東市是一個小縣城，臺字輩裡面，在規模上，與無論是臺北還是臺中臺南都相去甚遠。臺東市的總人口僅僅十一萬，數目不過是大陸的一所綜合性大學的師生數，可是這裡絲毫不顯人丁稀落，更不會死氣沈沈。在街頭，外國人，且不像是觀光客的外國人，出現的頻率高到驚人，甚至一度讓我有這是一個國際化城市的誤判。這個位於海邊的小城散發著一種卓雅的氣質，且不說海洋賦予它的浪漫色彩，只是博物館美

P →
Carrefour
家樂福

術館這裡就有好幾個，而藏身於大街小巷內的咖啡館數不勝數。晚上，來到了鐵花村，這是鐵路局宿舍改造而成的文創區，有高頻的音樂表演，可以感受到在地民眾對音樂的熱情，以及獨立音樂人對夢想的堅持與追求。而它的旁邊則是誠品書店，只是取名為臺東生活館。書籍與音樂，宛若香煙與啤酒，相得益彰，以一對絕配的姿態與這個小城日夜相伴。

這一塊區域雖然不大，但足以反映了這個小城的精神面貌，一種積極，熱情，奔放，以及樂觀的生活態度。書與音樂是山是海，是月光也是焚風，一個輕撫世界，一個深觸自我。以它們為起點，可以尋覓到生活裡更真實的感動。

晚上最後時段的演出，臺上的三個人，吉他手兼主唱來自比利時，鼓手是一位意大利的小伙，鍵盤手的故鄉是德國。從他們對這塊土地釋放的愛戀，看得出他們不是匆匆的過客。你看，這雖只是一個小縣城，可是它面向的卻是整個世界，以及一個從容的獨我。

冷雨澆滅不了熱血

日期／2013.11.02
天氣／除了雨還是雨
腳程／24.70 km
路線／臺東——太麻里
夜宿／東方賓館

二十七一直被我視為幸運數字，結果在環島進行到第二十七天的時候，遇到了啟程以來最惡劣的天氣。從昨晚開始，空中就細雨如織，直到接近今天中午，依舊沒有停息。

既然不停，索性就不等了。起初

還抱有幻想，覺得會有停下來的趨勢，畢竟已經持續下了很久了。結果走出去後，雨勢越來越大，水珠劈頭蓋臉地砸來，鞋子很快完全濕透，基本是處在淌水的狀態。那一會兒，有後悔的念頭萌生。本可以多停留一日的，即便是在陰雨天，也可以去附近的書店轉轉，到巷弄裡的咖啡館坐坐，晚上再和客棧老闆把酒言歡，這樣可以輕鬆打發掉這天氣糟糕的一天。多得一日閒，這是一個不錯的選擇，可是它似乎更適合觀光客，而不是現階段的我。風雨無阻，這是一個熱血的詞組，充滿了激情與正能量，而徒步環島不正是在踐行熱血嗎？想到這，便無後悔可言了。再說，剛剛決然拒絕了客棧老闆熱情挽留，現在若要退回去，顏面何堪！

雨一直在下，人一直在走，退縮的念頭被甩在了腦後。迎著風雨，吃力地前行，透過水汽，看到前方一道亮麗的風景。幾個身披彩色雨衣的年輕人騎著單車迎面過來，他們堅毅地踩著腳蹬，壞天氣沒能阻擋他們的勇往直前。看來，我們同樣偏執。今天全程風雨交加，這個時候依舊在環島路上奔走的人都是傻瓜。可正是這一群冷雨澆滅不了熱血的傻瓜，在太平洋的海岸線邊築造了一道風景線。

風景線不止是有短暫流動的過客，更有長期安居的在地民眾。忽然，一陣歡悅高亢的歌聲打破了雨聲的沈悶，緊走幾步，湊近一看，在公路邊的一間簡易臨建小屋內，一群人在歡歌載舞，喜氣洋洋，我沖裡面說拍張照，幾個人馬上配合擺弄姿勢，我比劃了一個手勢，示意拍好了，裡面一位歐巴桑朝我喊了句愛你哦。我羞澀離去，

雙門新娘
12萬全部包
0910150112

無法用同樣的愛你回應，但她確實是可愛。一路上，屢屢遇見原住民，如他人向我的描述一樣，比起其他地區，東部的他們更為熱情，以及奔放。

熱情與奔放的表達形式除了歡歌載舞，最好的方式應該就是飲酒了。途中在知本的便利店休整，巧遇一個原住民家庭，一對夫婦帶著他們的孩子，兩人每人手中一只大罐海尼根。與自己的老婆，在公眾場合對飲啤酒，這場景確實罕見，奔放與不羈的性格，於此得到淋漓體現。從中，或許也可以得出這樣的結論，對原住民而言，飲酒與性別無關。有趣的是他們的啤酒罐上插著塑料吸管，難道這是用來表達原住民飲酒就像喝飲料嗎？

起初，還不停地調整雨衣，擔心湮濕衣服，後半程後，對雨水開始變得熟視無睹。反正已經濕身，與其遮遮掩掩，倒不如放任雨水肆虐，這樣更暢快，只要背包內的物品不被淋濕就好。沒有預料到的是防水套能避免雨水打濕背包的正面，卻做不到防側漏，當在下榻處打開背包後，發現底部已完全被浸濕，放在下面的睡袋吸水已快接近飽和，怪不得今天覺得負重尤其的沉。

至於錯過了近鄰臺東的綠島與蘭嶼，我並沒有遺憾，因為我會再次回到這個地方，而綠島與蘭嶼是支撐第二次造訪的堅實理由。

Day 28

翻版蘇花

日期／2013.11.03
天氣／被淋了大半天
腳程／37.40 km
路線／太麻里——尚武
夜宿／尚武民宿

我昨晚睡前做了下祈禱，希望天亮後天會放晴，因為要拼將近四十公里的路程。

一早六點半醒來，看到陰雨已散，日出的光芒正在穿越雲層，我就趕緊起身了。習慣了晚睡晚起的

我，近期只做到了前面一半，對於我這種平日散漫隨性的人而言，早起是一件如此艱難的事，在眼下這個階段竟變成了家常便飯。我已經好久沒有高強度地投入做一件事情了，即便之前因為學業而勤學苦讀加班加點，可那裡面多充斥著無奈與埋怨，而今不同，這是一種心甘情願。

天公只讓我美了一會，把我引誘上路後沒多久就開始變臉了，忽然地，烏雲遮天，陰雨突至，昨天的情形重演。相機不防水沒法使用，連駐足的理由都沒了；周邊天空灰茫茫一片，也讓人沒有興致停留；到處濕淋淋的，除了便利店甚至無可歇息之處，能做的只有趕路了。東海岸便利店的距離一般較遠，走了很久，在雨朦朦中看到全家的招牌都會有一種充血的亢奮，加速靠近，把濕透的鞋襪脫掉放在門外，甩掉溼騰騰的雨衣，放下沉甸甸的背包，像是走進了溫暖的港灣。躲在裡面，說是休整片刻，可是坐下後便不想起身，一想到已經乾爽的雙腳要觸及那濕漉冰冷的鞋襪，一想到已經酸痛的腿腳還要長途跋涉禁受風吹雨襲，就一身的不自在。可最後還是強迫自己整裝出發，畢竟不是小孩子，不能玩這種任性的遊戲。只是，我深切體會到，這種不情願的感覺就像嚴冬的清晨從溫暖的被窩裡被扯出來一樣。

這種沮喪的天氣，確實很容易讓人灰心喪氣。倘若我只是一個人在奔走的話，很可能會在經歷接二連三的阻撓後，按兵不動，選擇停滯不前，從而敗給天氣。好在，

有人與我同在，能夠傳遞給我正能量。

他是路途中偶遇的友伴，三重人，從臺北出發，動身大概比我晚了十天。之前一起走過蘇花公路，然後分道揚鑣。幾經輾轉，前天又在臺東再次碰面，這幾天南下的路只有一條，我們再次結伴。這段時間，凡是畫面中有我身影的照片，除了來自相機的自拍功能外，大部分都是出自他的手。這是我需要感激的地方。但該感激的太多了，拍照只是其中之一，因為「他」存在的意義遠大於此。「他」是一個可以在風雨中共進退的人，即便途中兩人時常拉開五十米開外的距離，但這依舊是抽象意義的並肩。正因為彼此激勵，才不至於使任何一方的泄氣得以助長，這很重要。

走過三分之二路程後，烏雲遠走，灰濛濛的天開始透亮，太陽露出久違的臉。這時候，南迴公路亮麗風景的面目得以真正顯現。這一段路，很精彩，尤其是在走了一個星期的花東縱谷，遠離太平洋後再次面朝大海。山海路，這像極了蘇花公路，簡直就是另一個翻版。倘若說有什麼不同，那應該是南迴公路邊的山不夠高大與雄偉，涯不夠高深與陡峭，海裡的浪不夠洶湧與暴戾。這無非是少了些蘇花公路的壯闊與險峻，而顯得有些含蓄與低調。倘若這一路段的海水沒有這般污濁，可以如蘇花公路段般碧藍清澈，那它們可能有機會平分秋色。

其實，蘇花公路已經是一個巔峰，拿它來做參照標準，對南迴公路不公平。南迴公路的景色沒有成為最好，但是已經很好了，我們沒有理由要求更多。

缺失的阿朗壹古道

日期／2013.11.04
天氣／從海邊的晴走進山間的陰
腳程／41.49 km
路線／尚武——旭海
夜宿／旭海學堂志工宿舍

阿朗壹古道，被稱為臺灣海岸線上唯一一段沒有消失的古道，但是它從我的環島行程中消失了。由於事先沒有掌握這段古道的確鑿信息，在行前三天完成網上申請核可，只好選擇翻山越嶺繞道。

這條古道雖然靜臥在太平洋邊，卻承載著諸多爭議，曾經一度處在風口浪尖。臺26線在它面前戛然而止，這源於海岸線生態環保的訴求。這是一條串連臺東和屏東的道路，而兩個縣府卻各執己見，臺東方面堅持濱海環島公路的暢通，而屏東方面已把它歸為自然保護區，對進入者實行限流收費政策。臺26線的修建就此擱置，阿朗壹古道也變成了兩個縣府博弈品。我網上瀏覽了下，一天三百的人數限流，平日的話，申請人數基本不足一百，但是週末的申請名額都是爆滿的，儼然在節假日已經成為了旅遊觀光區，只不過成了少部分人的遊戲。我想，既然是出於環保的訴求，初衷是保留這塊原始生態的自然區域，那就應該盡量作為無人區，而不是現在這種打著環保主義的幌子依舊玩著商業經營的策略。

放棄阿朗壹古道，意味著要多走近二十公里的路，而且是山路。在上山之前，經過達仁鄉，在村口的便利店儲備食物，因為過了這家店，後面很長一段山路都沒有村落及商家店面。外面的停車場停了幾輛旅遊大巴，一群陸客在店內湧動，一個老太太想要買茶葉蛋，直接伸手去拿，店員說請不要用手，重複了兩遍後，老太太天真地回應了句不燙，原來她多情地以為店員擔心她會被燙到手，店員義正嚴辭地說這是衛不衛生的問題，見老太太沒有收斂跡象，之後又重複了兩遍請不要用手，最終老太太還是成功用手抓起雞蛋放入了塑料袋。待人群散去以後，我在旁邊的休息處聽到她在向其他人抱怨，遇到一個無禮的大陸觀光客，她稱不賣給對方東西，對方傲慢回應你就

世人稱賢德
四方國泰民安
奉茶

是一個小店員憑什麼決定不賣給我東西，結果兩人爭吵起來。最後，在我出門前，聽到了總結性的一句。店員跟她的聽眾達成一致共識，認為自助行的陸客會好一些。

其實，剛進這家店我就察覺到了服務員的態度雖然做到有理有節，但是隱藏了一些不耐煩，看來長期接待陸客，積怨已深。

面對這些，我只能一笑而過。自由行城市的過度開放，觀光旅遊團迅猛提升，為經濟帶來增長的同時，必然會滋生負面效應。當兩者關係只停留在消費與賺錢上後，一些事就難免顯得赤裸裸與冷冰冰。

山下的人說的沒錯，往前走了很久很久才看到一個村落。在村子裡，我意外發現了一家寫著安徽手工水餃招牌的店面。在臺灣，見到以大陸省份為前綴的店面有不少，卻罕見安徽字樣，這次在大山深處的原住民部落第一次見到了安徽，著實讓我又驚又喜。安徽，這個我出生以及度過童年與少年時代的地方，對我而言，很多時候它很沉重。而眼下安徽這兩個字，對於這家店主，則顯得更為沉重了。餃子可是靠東北揚名，安徽的餃子一直是名不見經傳的。猜到他可能是早期外省移民，最後回鄉無望，娶原住民為妻，長居於此部落，但心頭無法放下故鄉，硬要給自己的小生意加上安徽這個名號。其實，安徽這兩個字之於餃子是沒有意義的，但之於店主，意義太過深遠。

我本想上前搭話，探訪下這個字眼背後的故事，沒料到門窗緊閉，這成了我今天一個很大的遺憾。

Day 30

旭日之海

日期／2013.11.05
天氣／本週最佳
腳程／31.60 km
路線／旭海——滿州
夜宿／草海民宿

旭日之海，這一定一個有意境的地方。昨晚，不惜披星戴月，就是為了要趕到旭海。

經朋友引薦，在旭海路上的一家店鋪借宿。這個村落內只有一條主要道路，名為旭海路，沿著它一

直往前走，便發現了她口中的潘朵拉簡餐店，然後，找到了一個叫芳姊的人。

第一時間，從氣場判斷，我預想到這是一個有故事的場所，而她是一個有故事的人，果然應驗。這家簡餐店只是隔壁旭海小學堂的陪襯，它作為環島路上的旭海驛站，對外的營業收入用來輔助小學堂的運營，但這遠遠不足夠。學堂是免收費用的，它得以維繫十八年，更多地是來自芳姊的個人籌款與社會捐助。十八年前，成長於旭海的潘儀芳回到她曾經走出的地方，辦起了學堂，她的服務對象是那些留守的兒童。旭海是個偏遠落後的地方，沒有郵局、沒有銀行、沒有國小，連像樣的便利店都沒有，成年人多在外工作，村子裡大多是老人與兒童。芳姊與招募來的志工一道，充當起了老師與家長，每天為他們煮飯和輔導功課，讓他們擁有家一般的溫暖，以及溫熱的早晚餐。

由於昨天我們到得有些晚，志工單獨為我們煮了料足的大碗麵，在我們的執意支付下，芳姊象徵性地收了錢。第二天的早餐是大鍋飯，由她親自料理。沒有意料到的是與村裡的老人們一起吃飯，原來小學堂已經把老人納入了服務對象，為他們免費提供早餐。置身其

休息為了走
更遠 路

境，宛若步入共產主義社會，只是它主要來自個人的貢獻，這真是難能可貴，也為旭日之海這塊地方增添了幾分值得回味與省思的人文風景。

旭海，名符其實，不愧是一個有詩意的地方。沿著濱海路南下，天藍雲白海碧山青，比起之前的蘇花公路，以及南迴公路濱海段，這段路的優勢是人車稀疏，可以風光獨享，像是漫步在自家後花園，一直到港仔，走過這長長十公里的海岸線，就要轉向上山了。比起濱海路的平暢，走九拐十八彎的山路要費神費力多了，而山間的景色也沈悶了很多，以致到了後階段毫無看景的興致，只有埋頭趕路的枯燥。想想這段山路，很可能將成為整個環島行程中最後一次，心中的焦躁也便平復了很多。

在走出旭海之前，進去一家小商店買水，店家笑臉相迎，說昨天就見到我們了，不過只是見到黑影。原來，昨晚趕黑路時，身邊有幾輛車駛過，他就在其中，對我們的行為印象深刻。走到了下一個聚落，一輛賣菜的流動小貨車停在我們面前，駕駛室內的兩位向我們問好，說昨天在另外一個村落就見到了我們，今天又碰上了。我們雖然只是匆匆的過客，可是卻莫名地成了小範圍內的小公眾，這種感覺讓人略感羞澀。

天黑前，趕到滿州，趕緊奔去餐館，一路上經過的都是偏僻地區，吃頓飯都不容易，整個白天只能靠一點乾糧充飢。我與友伴每人一碗炒飯，老闆娘端來特製自用的鴨肉，邊夾了幾塊大肉放入我們的碗裡，邊說這是特別贈送的，走了那麼多路要多吃些。

那一刻，被請吃鴨的感覺比被請「搞雞」還要爽。

Day 31

國境之南

日期／2013.11.06
天氣／很特麼的晴
腳程／29.46 km
路線／滿州——墾丁
夜宿／福樂大飯店

其實，可以有更多便捷的選擇。

兩天前，倘若從南迴公路直接橫切，可以直達楓港，然後第二天就可以調頭北上。一天前，倘若從旭海一路往西，便可以過去車城，

這樣也可以省去不少路程。今天，如果從滿州直接過去恆春，然後乘車過去墾丁，之後再回到恆春重新上路，這也會是個不錯的選擇。

但是，我想要的是用雙腳走到臺灣的最南端，於是選擇了最迴轉曲折的路線。耗用更多的時間，走上更多的路，只是為了讓整個徒步環島的行程更加圓滿，就像當初決定徒步貫穿蘇花公路一般，而不是選擇變相迴避。世上是有捷徑可以走的，但是有時候捷徑並不意味著是優選的路。捷徑是理性的，而徒步環島是感性的，過分的理性會讓感性失色，所以走到天涯海角才會心甘情願回轉。

事實證明，走再多的路都是值得的。且不說最南端這個振奮人心的點，只是這沿途的景色就遠遠超過我的期待。當從滿州鄉拐入海岸線後，就上演了一場步步驚艷的連續劇，片場的一邊依舊是太平洋，而另一側則換成了廣袤的草原和綠田，沿著起伏彎曲的公路，帶來的是一場立體式的視覺盛宴，太平洋的水面忽低忽高，忽遠忽近，忽靜忽怒，無時不在挑逗自己的感官神經。這部劇情，太平洋無疑是主角，而藍天白雲無疑是最佳配角，有它們的襯托，這無情的水成為了

多情的景。而在這深秋的驕陽下，一股盛夏的氣息撲面而來，這是來自國境之南的犒賞。可能源於我的孤陋寡聞，印象中最美的海，是站在峇里島的盡端往南張望。至此，位置更易，完成更迭。

我尚未踏上海南島上三亞的天涯，可今天卻觸及到了臺灣島的海角。鵝鑾鼻，即便只是一個院落，即便只是一個燈塔，卻用地理上的極端演繹了一個情感上的極致。它們用一襲純白的素色，為這國境之南的太平洋增添了最炫麗的點綴。臺灣的最南端，之於我，以及眾多造訪者，都俱有特殊的意義。意猶未盡，覺得不夠盡興，極端地追求極端，就走往了一個叫做最南點的景點，跳下平臺，踮著腳踩過歷經歲月侵蝕海水吹打的珊瑚，搖搖晃晃湊到水邊，立在這南方的第一道海岸線，眼前只有無際的水和廣袤的天，那一刻的心情，成為了心曠神怡這個成語的最好註解。

繞過鵝鑾鼻，就要急轉彎，一路北上了，這是回歸的方向。終於可以回程了，接下來離起點會越來越近，可卻不能走向更遠的遠方，這也預示著環島的行程快要走向尾聲。這些，讓我既有欣喜，又有憂傷。

鵝鑾鼻之後的路，脫離了前幾天路途上的鄉土氣息，有著濃郁商業繁華以及人工痕跡，一副大陸麗江古城的派頭。作為著名的渡假旅遊區，這裡每天有著太多的外來者出入，也成了大陸觀光客必臨之處。而我，明天將要轉換身份，選擇成為一個自助行的觀光客，在墾丁稍做停留，因為這是一個讓人不忍匆匆而過的地方。

Day 32

無樂不作

日期／20143.11.08
天氣／優秀
腳程／9.46 km
路線／墾丁——恆春
夜宿／淳青背包客棧

兩個小時，便走到了恆春，停止繼續前進。實在不想急著告別這恆春半島，於是，這個古城成了今天的最北端。

恆春，雖然只是一個臺灣小鎮，可是它的名字卻已經響徹了大

陸。電影是最好的旅遊廣告，一部「泰囧」捧紅了泰國，助推了一股東南亞的旅遊熱潮；一部「非誠勿擾」使三亞進一步揚名，一時間造訪者激增；而一部「海角七號」，則讓這無名小鎮恆春在大陸廣為人知。一個地方，憑藉著一部電影，突圍成功，這種事情屢見不鮮，但是效應上來看，恆春更為轟動。

魏德聖的「海角七號」在對岸很受歡迎，以臺灣電影一貫的小清新俘獲大陸人的心，其受歡迎程度甚至超過了在臺灣本土。曾經與人聊過，為何臺灣不少被歸為「小清新」類型的電影在大陸觀眾心中都很有市場，推測這可能源於臺灣有著自己專屬的自然場景與文化背景，而這些都是大陸所不具備的，「別人的老婆總是漂亮的」，這句話有時還是很有道理的。所以有些在臺灣本土不被看好的電影，在大陸卻可以做到風風火火闖九州。從另一個側面來說，臺灣電影玩轉的通常都是些小情小愛等的小題材，諸如「藍色大門」「那些年」等等，本土導演的成長土壤決定了臺灣電影氣度上很難能夠恢宏。

我要承認我是「海角七號」的追捧者，但是我對它的推崇來自於它的場景，我在第一次看這部電影時，就對影片中的小鎮傾情滿滿，它那

麼陌生與遙遠，卻又那麼的親切，恨不得將此生數年傾注其間。至於片中的愛情，只是一個爛俗的故事，絕非我熱衷的點。中山老街西側的男主人公的寓所「阿嘉的家」，已經成為了造訪恆春的觀光客必去的景點，其實，這兩層街屋無非就是片中一間亮眼的炮房，在那裡的一夜纏綿而引發的愛情必然不會久長，無論是「留下來」或者「跟你走」。

經過電影剪輯後出鏡的地方，如同厚妝粉飾後自拍的姑娘，與真實都是有一定差距的。所以，在步入恆春半島前，我就拋開一些不著邊際的期待與暢想。恆春只是臺灣眾多普通小鎮裡面的其中之一，撇開那四個半新不古的城門，整個街道格局生活形態與其他的城鎮並無過大區別。雖然普通，可卻不妨礙它的迷人。

西門

不到半日，就把恆春這個小鎮走了個底朝天。然後，在街口租了輛機車，要深入到整個恆春半島撒歡，與遲一點從墾丁趕過來的友人，跑去關山看日落；即便趕到山頂時夕陽剛剛低入海平面，這依舊無礙我們的興致，反而在人潮退去後，霞光另生景趣。其實，日落，看的不止那一輪夕陽，更有那一片姹紫嫣紅。夜幕降臨後，到後壁湖吃了頓海鮮，當回頭客的理由很簡單，因為這裡不僅價廉，而且物美。晚飯後，折返墾丁，在墾丁大街的小酒館不敢再貿然，只是淺酌，喝了支迴魂酒，因為，昨晚的樂極生悲還歷歷在目。

昨天的休息日，結識了幾位新朋友，我們臨時組成觀光旅遊團，一起暢遊南灣，一起重訪鵝鑾鼻，一起騎著機車順著海岸線繞著恆春半島兜圈，將歡笑與尖叫撒滿在這國境之南。晚上，在這「無樂不作」的地方，當然是無酒不歡。結果，凌晨三點，我在這天涯海角對著馬桶吐了個肝腸寸斷。

即便酒釀慘案，可是我並沒有斷片。我清晰地記得，臺灣人與大陸人，在這國境之南圍成一圈，把酒言歡。世界裡，只有張懸的歌聲，而沒有張懸的非議。那一刻，我心想，去他媽的青天白日旗，去他媽的五星紅旗，有酒，有他，有她，這就足夠了。

Day 33

一路向北

日期／2013.11.09
天氣／大風
腳程／24.76 km
路線／恆春——楓港
夜宿／楓墾丁民宿

離開墾丁，意味著又一場離別。

騎上機車，開往恆春方向，上路以後，總覺得缺失了些什麼，心中有點兒堵。於是，緊急掉頭，再一次穿越了墾丁大街，奔往船帆路，來到新朋友的民宿樓下，當面說了一聲再

見，道了一句保重，然後，騎車急速而去。雖儘短短兩天，下次相見，應已是老朋友姿態了，這很好。

一路向北，一個人騎到恆春轉運站，在街角把租來的機車歸還，然後切換行進方式，改用雙腳作為交通工具。這樣，今天的行程才算正式開始。

掐指一算，在恆春半島呆了三天，在墾丁大街住了三夜。倘若此時此刻讓我點首歌的話，那我的選擇一定會是阿妹的「三天三夜的三更半夜」。只是，人離景非，現在的心情已經不在出軌的邊緣，不適合這種撕裂的分貝與狂野的音符。脫離了這幾日來的多人群歡，忽然回到一個人的獨行節奏，心中多少有些悵然。

中途路過車城，特地轉進去瞻仰下福安宮，這個臺灣最大的土地公廟。來到正門前，雙手合十，默語一番。實際上，在身臨臺灣之前，對於廟宇，我往往只是懷著一個參觀建築物的心態，雖然我不堅信人定勝天，可我的世界觀裡沒有神靈。而如今，在三步一小廟五步一大寺的臺灣，以及宗教氛圍濃烈的印度，我耳聞目睹過一些事情後，也悟出來了些什麼。在萬物面前人終歸是渺小而無力的，我雖未因宗教信仰而心生虔誠，可我學會了尊重，通常在面對神位的時候，我會選擇畢恭畢敬，而不再有曾經的輕狂。一路上，路過大大小小無數廟宇，很多時候路過，我都會面朝正門行拜禮，鞠上一躬。

信仰通常可以暖化一個人的心腸，而廟宇時常散發著正能量。路途上，會遇到在路邊廟宇門口的桌臺上擱置一些茶水，名為「奉茶」，旁邊附有一次性紙杯，供路人

免費取用。這對徒步或單車環島者而言，無疑是一個好福利，一個值得感恩的善舉。

從恆春到楓港，沿途依舊是水色海光，倘若從北往南行進，它們值得駐足觀賞，然而對於從天涯海角回撤的我而言，與國境之南的太平洋親密接觸幾天後，這無疑是走下坡路，景色在品質上是一種遞減。一整天，太陽都躲了起來，大部份時間藏在陰雲之後，只是透過雲縫露出些亮眼的金黃。陽光萎靡後，海風開始變得異常凶猛，中午以後，風力加大，途中的幾個路段，我甚至不能直立向前，被吹得跌跌撞撞左右搖晃，某幾個瞬間，我不得不抓住身邊的樹幹停駐不前，要等疾風駛過，才敢重新動身。

臨近傍晚，更是狂風大作，不得不放棄了繼續行進至枋山，否則真有被吹入滔滔大海的危險。

現在，在這深秋的夜晚，聽著從太平洋吹過來的海風，在窗外呼呼作響，我開始想念墾丁初夏的溫熱，以及縱谷裡溫柔的田野。

Day 34

每一個騎跡都可能是奇蹟

日期／2013.11.10
天氣／一般
腳程／42.43 km
路線／楓港——東港
夜宿／潮州騎跡之家

路邊買了份早餐，旁邊攤位的老闆非要送我一個茶葉蛋，我覺得天上不應該掉下免費的茶葉蛋，執意要付錢，他最終收下了，不過結果是用一個蛋的錢買了兩顆，買一送一。

提著早餐上路，來不及慢慢坐下

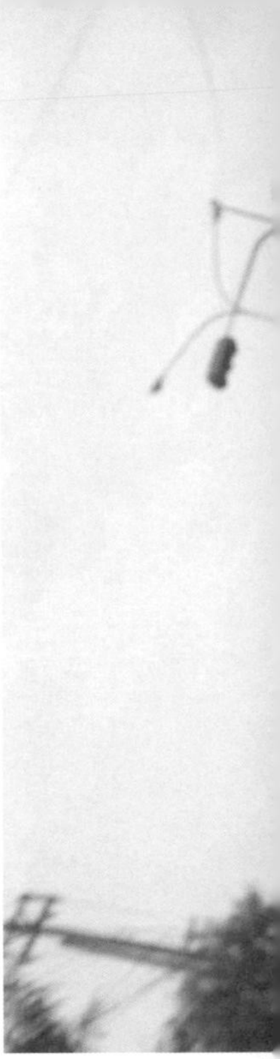

享用，今天預設的路程有些遠，從楓港到東港的距離已經超出了四十公里，走路大概需要十個鐘頭，時間上略有壓力。之所以把兩天的路合成一天走，是因為我臨時起興犯賤，想要趕在十一月十一號到達高雄，提前實現從鄉村走進城市。四個一組成的日子，在大陸成了一個風靡的非官方節日，是單身漢獨享的光棍節，很容易讓孤身的人躁動。我雖習慣了獨處，可要是這天一個人待在偏鄉深處，總會覺得有那麼點淒涼，於是不辭生理上的辛勞，去弱化心理上的沉負。

出了楓港沒多久，被駕車南下墾丁的研究所同學在路途上攔截，他因為論文開題資料的需要，而去墾丁附近的原住民村落採訪，順便在公路邊探視下我。能在陌生的地方，見到老朋友總是件開心的事，只是不能過久停留，否則今天的任務很難完成。提到論文開題，我一陣心慌，由於擱置學業溜出來環島，畢業論文進度基本為零，我成了全班最慢的一個。可是轉念一想，徒步環島對我來說才是正經事，學業只是我的輔修，便馬上平復了心情。

這一路上，出現的熟人不止一個。一個身為高雄人的朋友，從臺中南下回家度週末，專程趕來枋寮為我鼓氣，而且載上了他老爸。

父子兩人特地趕來，只是為了當面給我加油，他們開車的時間都遠大於我們交談的時間，這真是讓我受寵若驚。比起他們口中對我的讚揚，他們值得我心中更多的讚嘆。

今天，沿途有著一道特殊的景象，路邊到處是養殖海產的水塘，這是有別於之前任何一天的。這風光挺好，可是鎮守這風光的烈犬真的不好，每一個似乎都有很強的攻擊性，看到牠們那副想把人吃掉的又凶又醜的表情，很難以想像狗可以是人類的寵物。公路與水塘會隔著一道鐵絲網，我沿著鐵絲網的外側走，裡面總常有一群瘋了似的狗在鐵絲網內側追著我狂吠。搞養殖，要用狗來把門，這是人之常情，可是至於一畝三分地的水塘圈養二十條狗嗎？！我走過一趟，簡直像是聽到裡面在放鞭炮。

進入林邊鄉，天色已經漸暗，距離最終目的地還有六公里，穿過前方的大鵬灣就可以到達，那是一個國家風景區。大鵬是一個熟悉的字眼，在臺灣有很多以大鵬命名的眷村，這些眷村居住的大多是空軍榮民，因為大鵬意味著飛翔。而今天的這個大鵬灣，也脫離不了與軍事的關連。在日治時代末期，日本海軍航空隊曾在這裡建立水上機場與潛艇基地。站在市區看到海邊有著夕陽的霞光，我就快馬加鞭前衝了，希望可以重溫關山觀日落的歡暢；遺憾的是在我來到海邊時，彩色的雲彩已經被深灰的夜幕隱沒。我走在左邊是廣袤大海，右邊是遼闊大鵬灣的濱海路上，只能聽到海浪拍打堤岸的聲響。

當我正在為錯失時機而惋惜時，電話響了。中午，之前結伴的那位環島戰友就告訴我，他在潮州碰到一個對他照顧有加的大哥，他把我的情況告訴了對方，這位大哥就要走了我的電話，說是想要會會我。他說要和我一起晚飯，然後騎著機車過來找

M10-2

我。即便是燈火昏暗，他也很容易發現了我，沒大會，這位大哥就出現了。他讓我上車，載去前面東港吃飯。前三十三天，我從未搭過順風車，這次自然也不能，即便幾近筋疲力盡，還要面對前方大概四公里的路，可一旦抵擋不住誘惑坐上去的話，之前的堅持都沒了意義。我讓他先往前開走一段，挑個風景好的地方等著，這樣持續了兩三次，他竟然沒有覺得我煩。後來切換了模式，他把機車放慢到最低速度，跟我並肩前行，邊走邊聊，不過由於速度太慢，他需要偶爾用腳接地支撐，這讓我很過意不去。終於，走到了大鵬灣靠近東港的盡端，在跨海大橋前，我放棄了進東港市區，接受了他的盛情，上了機車。他說明天再載我回到這裡出發。

我接受的不止是這一件事，還接受了他的晚飯，以及夜宿他在潮州的家，因為他的盛情讓我實在難卻。進入他家後，我更加理解了他緣何對陌生的環島者這般的熱情。他的院子，成了單車主題的樂園，大大小小各式各樣近百輛單車成為裝飾物，就連花花草草都被剪飾成單車的造型。他的房間，被各式各樣與單車相關的獎杯與證書填滿。他單車環島已經超過十次，而且騎跡已經遍及歐洲、美國、紐西蘭以及大陸。

他叫賴長信，一個從臺灣騎進世界的鐵馬勇士。

高雄比臺北更能代表臺灣

日期／2013.11.11
天氣／陰沉霧靄
腳程／35.47 km
路線／東港——高雄港
夜宿／背包41客棧

賴大哥把我從潮州載到東港，我在昨天上車的位置下了車。大哥，其實不是大哥，應該算是大爺，實則年紀已過六旬，可是從面相上看，也不過四十餘歲，看來熱血的心可以保青春的身。

眼前有一座長長的大橋，它橫

跨了高雄與屏東兩個縣市的行政轄區，走過它就意味著告別了屏東。從第二十九天夜宿旭海開始，加上中途休整了一天，一共在屏東縣待了七天七夜了，堪稱最久，接下來的縣市，任何一個應該都不會超過三天。走到橋的中央，高雄的標識牌赫然出現，跟屏東說了句再見，就繼續大闊步往前。前方，在橋的盡端，一大片林立的高聳物體，如果把這些豎狀物看作是建築物的話，那遠觀起來倒隱約像是上海陸家嘴的天際線。湊近了一點，發現那只是一片工業區，可是這密密麻麻豎向的煙囪、管道、高架，大規模在一起，竟有一種科幻片中的未來世界的錯覺。

很快，我從科幻世界的場景切換到了CS世界，再一次被谷歌地圖給陷害了。從林園區到小港區這一路段，我走過一片農田，爬上幾座小山，結果來到了一個靶場前。這是一個軍事禁區，地圖上的通路被它截斷。之前聽人在探討臺灣是否還需要軍隊，我沈默不語，不過倘若現在拋出這個問題，那我一定支持撤軍了。其實，國軍的第一甚至是唯一潛在敵對方是大陸，可是從戰鬥力上看，結果不戰自明。依照目前態勢，兩岸交火的可能性已經幾近為零。至於臺灣要是真的成

了被其他第三方攻擊的一方，那大陸軍方必然不會旁觀。這樣看來，臺灣倒真的沒有設置軍隊的必要了，尤其在不少年輕人都在迴避兵役的現實情況下。

當我進入高雄境內的剎那我是歡喜的，這並非因為我從鄉鎮步入都市，而是因為我終於可以目睹到那些曾經只是抽象存在的名詞。在臺灣待了一年多，這是我第一次走入高雄。雖然陌生，可是在此之前，無論是愛河、85大樓、美麗島、西子灣等等，都是熟悉的詞彙。我知道這是一個我一定會到來的地方，今天，終於見到了她。

關於高雄的名詞，在我心中還有一個，不過它不是地名，而是人名——陳菊。未進高雄前，在屏東縣區，就在巨幅海報上見到了她；作為高雄市長的她在為屏東參選議員的同志拉人氣，整個一副憨厚可掬的神態。之前，第一次從影像中見到這位女市長面目時，我承認有些微的震驚，與我所預想的政壇女精英完全不符，她分明就像是居委會大媽的裝束，甚至是菜市場大媽的面容。後來一想，這市長形象與城市氣質在內在邏輯上倒是挺協調的。高雄作為南臺灣上散發著濃郁市井與鄉土氣息的城市，擁有這樣一位市長，也便是合情合理的了。倘若陳菊成了臺北市長，那可能就會違和感太強了。

高雄可以代表南臺灣，而臺北卻不是很能貼切地代表北臺灣，所以，從這個角度來看，如果真要用一個大城市代表臺灣的氣質，我想高雄會比臺北更適合。

不期而遇是一種緣

日期／2013.11.13
天氣／中游
腳程／26.38 km
路線／高雄港——岡山
夜宿／凱麗商務旅館

在十一號的白天，我還沒有確定第二天是否繼續留在高雄。可是，當晚上安頓下來後，我感受到了我的雙腳異常腫脹，手感像是充了氣的娃娃，可惜摸上去只有痛感，而沒有快感。於是，我堅定地

做出了在高雄休整一天的決定。

腳水腫是我在未出發前就預料到了的事，只是沒有料到在走向尾聲的時候發生，而且無獨有偶，在腳掌底發現了一個大水泡。之前，路上遇到的其他徒步環島者，都談到了下肢出現的各種傷痛，腳起水泡幾乎是種通病，所以那時我慶幸自己只有肌筋酸痛，沒有水腫、水泡，但眼下都齊活了，算是更接近一個健全的徒步環島者了。

得幸於傷痛，換來一天的閒暇時間，可以深入了解高雄這個城市，即便依舊只是作為一個淺薄的觀光客。85大樓在視覺上是無法過濾掉的，可是抽象層面上，在我眼中它可以忽略不計，它絕非為這個城市加分的利器。對我而言，一個城市倘若能擁有一條承載過去歷史記憶與於當下民眾生活的河，那則是一件幸事。治理淨化後的愛河，在高雄，妥妥地肩負了這雙向職能。地標建築物服務的往往只是部分人，且是以高傲的姿態；而愛河，服務了整個城市，溫和而柔情，因而，它更顯得珍貴。

觀光客必去之處，美麗島捷運站應該進入名單。我特意過去看了看，很多人在駐足拍照。彩色的穹頂被收進鏡頭，確實可以獲取絢麗的畫面，這樣來說它確實稱得上美麗捷運站。可是如果只是停留在視覺上，而沒有了解到美麗島這三個字蘊涵的抽象意義，那可能會錯失掉更重要的東西。我想，很多從旅遊大巴上下來後在此按下快門的陸客，應該是游離在外的。換乘捷運，奔往鹽埕埔，搭乘輪渡上旗津島。在那個港灣，有幾個瞬間，我有了從廈門島過去鼓浪嶼的幻覺，只是等候輪渡的隊伍要稀疏很

GLOBAL VILLAGE

多。離開旗津，下一站是西子灣。依山傍海，這是國立中山大學所俱備的無法被超越的優勢，是值得被稱讚的，這也讓它具有了廈門大學的影子，但是這西子灣是要明顯勝於那白城沙灘。自然的海景配上人文的校園，兩者相得益彰，倘若沒有過多遊人的攪擾，只有清風、白浪與書香，這裡會是一方殿堂。望著穿梭不斷的旅遊大巴，以及人頭攢動的陸客，不禁要感嘆，西子灣，這中山大學，以及這個城市的後花園，眼下卻要變成了大陸觀光客的集中營。倘若說廈門的鼓浪嶼已死，那高雄的西子灣快要廢了一半，旅遊業過於興旺真心不是一件好事。

粗略的觀感，在城市格局上，高雄比臺中具備大的氣度，而在城市設施上，也更為健全。與高雄在地人聊起這個城市，他們明顯地察覺到近些年高雄在改變，而且是在順民意迎民心的方向改變，這點真是難能可貴。

似乎有些跑題，上面談到的幾乎都是昨天休息日所涉及到的，都被我硬生生地歸為了今天，不過這又有何妨。今天的一路，兩側幾乎一直是商鋪或民宅，而很少持續空曠的田野，能輕易遇到一家便利店，不用再負重儲備水和食物，這與東部形成了強烈的反差。

在出發前，我不知道今晚要在哪個地方停留，只知道會落腳在高雄與臺南的中間。當天色漸晚時，我遇到了熙攘的岡山，就停了下來。其實，在今天之前，我從未聽說過這個地名，眼下則不期而遇地結了緣。

曾經，在岡字輩的名詞裡，我熟悉的只有岡本，嗯，現在多了一個岡山。

Day 37

光陰變遷 光景不變

日期／2013.11.14
天氣／晴天
腳程／25.90 km
路線／岡山——臺南
夜宿／福憩背包客棧

從岡山到臺南這段路，與昨天的路大同小異，沿途兩側幾乎都是連續的建築物，沒有山，沒有海，眼前絢爛的色彩只有路口閃爍的紅綠燈。凌亂的鐵架，撐著紛雜的舊招牌；破舊的街屋，頂著簡易的鐵皮房；急馳的

機車，呼嘯在延綿的瀝青路，以至於有些枯燥無聊，很容易催生負面情緒。面對眼前的這些，我承認這是個障礙，是個考驗。

還好，路途上的景色雖相似，但對照下這兩天的起點與終點，還是能明顯察覺到不同。從高雄到臺南，這南臺灣上最大的兩個城市，雖只有短短的五十餘公里，卻散發著兩種風格迴異的氣質。

高雄是動的，它在前進，這幾年的持續發展，給人面目一新的感覺；而臺南，相對而言，則是靜的，它懷一顆處變不驚的心，不急不躁，淡然自若。高雄更像是大陸的一些大城市，日新月異，三年兩載回來，可能就要感嘆它的變化；而臺南更像是歐洲的一些老城市，任由光陰變遷，卻光景不變，久別數年歸返，只需感慨人去，不用過於擔心物非。高雄又像是大陸的上海，在政治核心北京以外，牢牢佔據著頭把交椅，是唯一能與帝都稍作抗衡的城市，高雄之於臺北，亦然；而臺南，在歷史地位上，如同西安，厚重而深沉，見證著錦華的榮耀，承載著歲月的跌宕。但在生活節奏上，它又像是成都，慵懶而輕柔，給人軟綿綿的姿態，卻又不會有無力感，這慢節奏帶來的不是散漫，而是暢快。

其實，臺南並非只是靜的，它有著種獨我的動，這種動是靜水深流

全臺首學
請留通道

的動，不是眼睛所能輕易察覺到的，這種動不需要大刀闊斧的建設工程來呈現，它蘊涵在大街小巷的日升月落間。臺南的優勢不在於靜的歷史遺跡，無論是安平城堡，還是孔廟或赤崁樓，在我所經歷的一些大陸城市面前這些都不足掛齒，在我眼裡，它動的一面反而更可貴，這種動是來自於地平線流淌的生活氣息，它緩和，而不急促。

這些年，高雄，為了提升城市形象，不斷在謀取發展，塑造都市感，生怕輸給臺北太遠。而臺南則不同，靜靜地佇立在南臺灣，不用擔心被超越，因為它的厚度與姿態決定了在臺灣沒有哪個城市能夠超越它。雖說臺南不是第一次來了，但依舊陌生。上次過來臺南，源於出版社安排的活動，在大遠百的金石堂書店舉辦「亞細亞的好孩子」新書分享會，結果遇上了颱風，雖未正面沖擊，卻也如臨大敵，外面行人寥落。在臺南停留了一天，卻沒有機會到處走走看看，成了遺憾。這次在這裡停留一天，多了一個機會，可以彌補下上次的缺憾。

不過，我也明白，雖說多停留一天，也只是蜻蜓點水而已，因為這是一個需要足夠的時間才可以揭開面紗，看到真面目的城市。

Day 38

走就對了

日期／2013.11.16
天氣／晴天
腳程／25.15 km
路線／臺南——麻豆
夜宿／華賓旅社

距離終點越來越近了，心中有幾分欣喜，也有幾分急躁，恨不得一天能走六十公里，馬上就能到嘉義。

一早起來，狀態不錯，鬥志滿滿，心想著今天可以直奔四十公里，這樣明天可以輕鬆達到嘉義

市。可是吃完早餐走了一段路後，身體多項機能出現不適，腦袋開始昏沈沈，鼻子對街上的尾氣以及各種異味非常敏感，並伴隨著噁心嘔吐的節奏，驚覺不妙，這分明是食物中毒的徵兆。

趕緊就近進了一家便利店，卸下背包，坐在休息區的椅子上，我開始陷入糾結之中，是走還是停，頭昏眼花地走下去會更艱辛，而留在這個完全陌生的城鄉結合部虛耗，總覺得可惜，這幾天，雖不說歸心似箭，可終點一直在向我釋放著一種引力，讓我不情願腳步緩慢。最後，告訴自己，再撐一撐，應該可以扛過去，如果再惡化，那就直接去醫院休息。

為了躲避街邊空氣的刺激，從便利店買了口罩戴上，這是全程第一次，總覺得怪怪的。忽然，腸胃內一陣翻江倒海，不假思索，即刻奔往街邊的麥當勞，來不及排隊等候，衝進了殘障衛生間，就是一輪山崩海嘯。我蹲坐在馬桶上，虛脫的身體讓我四肢乏力，心中不禁開始思量這徒步的意義。倘若路上風光賞心悅目，一路緩緩走來未嘗不可，而接下來幾天的路途大多晦澀，很多時候只能以苦行僧的姿態，麻木而機械地前行，這些是否值得。如果繼續虛弱無力，我是否應該

衝去搭上一部車，然後直奔臺中，讓餘下五天的行程，濃縮為五十分鐘。

好在，我沒有繼續虛弱無力，沮喪感開始散淡。然後轉移到便利店，元氣稍稍復蘇，繼續上路，心想，走就對了，去他媽的意義。不過，這前前後後耽擱了不少時間，以至於我預設的四十公里開外的目的地新營只能變成二十五公里遠的麻豆。

麻豆這個地名挺有意思的，釋放著一股鄉土氣息，字面上看像是一種農作物。不過麻豆只是諧音，並非盛產芝麻黃豆或土豆，可它還真有聲名遠揚的農作物。聽說文旦是麻豆的特產，猶如釋迦在臺東氾濫一樣，雖然過了收成的季節，依舊可以在公路邊見到有鄉民在售販黃燦燦的文旦。文旦只是聽言，倘若靠眼觀，我會覺得這是一個盛產甘蔗的地方，因為路途過半後，我看到的是大片大片的甘蔗園。

臺南的都會區主要是聚集在曾文溪南，而溪北多為農業，麻豆在臺南的中西部，位於曾文溪以北，所以今天路途的後程，可以一睹鄉野田園風光，不用一直疾步在車水馬龍的大馬路。而接下來的幾天，距離都會區越來越遠，應該會賞心悅目些，不至於太過沈悶。當然，這只是我自己一廂情願的意淫。

Day 39

一個行善得不到實現的社會是可怕的

日期／2013.11.17
天氣／晴天
腳程／38.46 km
路線／麻豆——嘉義
夜宿／新高大飯店

昨天耽擱的路程要在今天補回來，鬧鐘定到六點半，已經好多天沒有這麼早起了。

週日的清早，街上行人稀落，

忽然一個大姐從身後衝出來，把機車停在我的前方，問我需不需要載，我說自己在環島，要堅持徒步，她就從車上的袋子裡掏出一支飲料和兩袋零食，執意要給我，我說我只收水行嗎？她說不行，於是我剛剛空空的兩隻手就滿載了。她接著說，這是她帶去探望阿公的，阿公也吃不了那麼多，可她這麼一說，我頓覺很愧對於她阿公了。臨走前，她說她是慈濟的，囑咐我走在路上無聊的時候可以多念下阿彌陀佛。

在急水溪南岸，進入新營市區之前，碰到了一個宗教繞境的隊伍，幾乎佔滿了半條街，敲鑼打鼓，熙熙攘攘。今年年初我在大甲已經目睹過恭迎媽祖回鎮瀾宮的浩蕩陣容，如今已經一覽眾山小了，我並沒有打算停留，只是稍稍放緩腳步。可是當走到隊伍的盡頭，我馬上改了主意。眼前，一群衣不遮體的姑娘，在廟宇的側邊，抓著鋼管，搔首弄姿，搖臀甩胸，這場景讓我覺得好似進了夜店。竟然遇到了傳說中的臺灣特色，今天這派頭遠超於上次媽祖繞境的陣仗，無論是勁爆程度，還是陣容規模。

作為初觀者，看到神靈與世間共存一處，開始會覺得有些突兀。可

是看了下周遭的人，一個個神態淡然，似乎早已經習慣。這樣我倒覺得我自己過於狹隘，眼前的這些已經活生生地告訴我，信仰與情色可以同在。倘若不能釋懷，那只怪我們世俗的眼睛看不開。

這讓我想到近期在大陸風行的一種狹隘，事因歌手汪峰。最近，他躋身為段子王，成了被集體狂熱開涮的對象。很多人因為了解到汪峰的婚史而鄙夷了他的音樂，把他從音樂的神壇踢入唾液的深淵，我覺得這恰恰是一種狹隘的體現。倘若音樂是一種信仰，那些五四三的婚戀過往不過是他生活上的一種色彩，當兩者同時集中在一個人身上，這是無礙觀瞻的。作為一個聽者，對他的訴求應該是音樂，不需要太在意汪峰染指多少女人，或者毀掉哪位女神。話說，汪峰現在最虔誠的信徒應該是章子怡，連「國際章」都不覺得有違

和感，其他人瞎嚷嚷個啥。

麻豆到嘉義的距離不近，但是今天一路上我渾身充滿能量，甚至是不知疲倦。這好的身體狀態並非來自物質攝入，而是源於精神振奮。可能一直走在商業街區的緣故，路人大多行色匆匆。前幾天的路上，一直沒有人跟我互動；今天則不同了，像是中了獎似的，時時有人停下車來，說要載我一程。真要感謝這些熱心人士，雖然我沒有受到搭便車的惠，但是他們的行為卻是我在疲憊時的強心針，這同樣值得感恩。只是每一次拒絕都會覺得是一件殘忍的事，無論是對他們，還是對我自己。

倘若不是偏執追求徒步，我倒很樂意成為他們行善的對象。我今天剛好看到一句話：不讓座，不應該受到指責。強迫人做好事的社會才是可怕的。這起因是公交車上一位老人因為一個年輕人沒有為他主動讓座，他直接坐到後者的腿上，事後年輕人也遭到指責。延用這個邏輯，我覺得一個行善得不到實現的社會也是可怕的。所以，當別人行善的時候，在適當範疇內，我們與其堅持拒絕，倒不如含笑接納。

這不，路過一家鄉土味十足的卡拉ok店，一人在路邊攔人送水，我開始以為這是強行買賣，後來一想這是在臺灣，應該不會，原來今天他的店鋪開業，這是在行善。於是，我果斷接下來他手中的一大支純淨水。

Day 40

神愛世人

日期／2013.11.18
天氣／晴天
腳程／31.80 km
路線／嘉義——斗六
借宿／基督教路德教會

今天我成了一個小三，因為我遇到了神雕俠侶。

出了民雄鄉，剛進入大林境內，遠遠就看到兩個疑似同類的移動物體。他們都背著大背包，其中一位還拖著推車，我緊趕快走幾步

追隨上去，前面一男一女的背包上都赫然寫著「環島中」的字樣，確是同道中人。

這是一對兒，請假兩個月出來環島，他們從臺北出發，順時針方向，今天第五十天。這個同道中人還真是貨真價實的同道，我們不僅方向一致，而且今天的終點都是斗六市，於是組團結伴。

他們隨身攜帶的物品裡有兩塊白布，只是已經褪為泛黃色，上面有著密密麻麻的字跡，都是給他們提供過幫助的人留下的簽名，再配上他們的推車，這是整個行進途中我見到最拉風的裝備，且識別性最強的徒步環島者。他們帶著這副行頭一起環島，有點像是現代版行走江湖的神雕俠侶。

得益於拉風的裝備，以及識別性強的符號，我開拓了下眼界。接下來的路是一波三停，隔三差五地被人攔截，有人專門折返回來送水送飲料，有人趕上來關切攀談，有人停下車來徵詢是否能合影。我預計五點就可以完成的路程，結果被推延到了將近七點鐘。我們通常會責怪晚點，可眼下這晚點竟成了一樁美事。在自然風景稍遜一籌的西海岸，人和故事才是最值得欣賞的畫面，而今天，熱心的人與有趣的事都幾乎達到了井噴狀。

倘若今天遇到的是一組系列風景畫，那最美麗的一幅莫過於在馬路邊的即興微型演唱會了。一位騎著機車的大哥在我們面前停了下來，他說自己是音樂老師，正在趕去給學

華美廣告
大圖輸出
363-HAY
N4-6689

阿里山森林鐵路車庫園區
Alishan Forest Railway Garage Park

生上課，見到我們特地轉過來，想要演奏首曲子作為禮物送給我們。這真是特別而有愛的禮物，我們無法拒絕。他從背包裡掏出烏克麗麗，街邊成了臨時的舞臺，他一個人自彈自唱，我們三人成了他的臨時觀眾。我們被調動了起來，跟著音樂打起節拍，一首結束，曲終人不散，意猶未盡，於是補上了一首，我們拍手稱快，覺得聲響有些怪，扭頭張望，發現聽眾已經不只我們三人，身後店面的老闆娘已站在自家門口跟著拍手叫好了。真希望能一直停留在這美妙的時刻，可是還需要趕路，辭別了大哥，我們繼續北上。

快進入斗六市區，尚不知要夜宿何處，這點上我們還沒有統一意見。他們更有俠客的味道，如果無借宿之處，他們可以睡進隨身攜帶的帳篷，而我之前的預想是住宿市區旅社或飯店的。不過這並不是問題，這一路上，各自都已經習慣了隨遇而安。

只見女俠拿出電話撥了幾通，衝著我說住宿搞定。火車站附近的一個基督教會可以借宿，並且有空房間和被褥免費提供。我們趕到之後，發現這裡不僅是無償提供房間，牧師還為我們準備了免費的晚餐。

面對這些接二連三讓人喜聞樂見的偶然，我想我應該可以把這些歸為神的旨意。因為，神愛世人。

Day 41

最正確的事

日期／2013.11.19
天氣／晴天
腳程／36.40 km
路線／斗六——員林
夜宿／雙橡園大飯店

這幾天，落下的太陽與升起的月亮都格外地大和圓。

其實，月圓之日，不用抬頭望天象，只是看街邊商家門口的景象就可以判定。最近幾天，路邊的很多店鋪門口，都會支起一個鐵皮鍋

灶，用來燒紙錢，裡面堆得滿滿的，有的店主還在門口擺了滿桌子的貢品。在我的印象中，大陸只有在逢年過節或者祭日才會有類似的場景，所以這在我看來可是很新鮮的事情。出於好奇，我特地上前問了下。他們說生意人一般都講究這個，燒的越多賺得越多，初一與十五是燒給神靈，而初二與十六則是燒給好兄弟，這樣他們可以帶更多的兄弟過來照應生意。好兄弟，我愣了一下，忽然記起曾經有人向我解釋過這是遊蕩在外的鬼魂的意思，便馬上理順了。

走出了斗六市區後，與一位臺北下來的友人會合。雖說現在稱其為友人，可見面時還是陌生人，在今天之前，我從未與她謀過面。這是一位在臺大讀研究所的姑娘，畢業論文涉及到對徒步環島臺灣的分析與探討，想要跟我走上一段，對這個群體做下深度瞭解。這真是一種用身體為學術踐行的精神。我沒想到，徒步環島可以有陌生姑娘願意陪走；我更沒想到，徒步環島可以上升到學術的層面。倘若只是前者，略顯矯揉造作，可是搭配上這後者，立意馬上飆高，讓我沒有理由拒絕。

我不確定她有沒有從我這裡得到她想要的答案，但是可以確定

忠義公廟

的是我獲得了風趣的一天。幾乎整段路她都在聽我神侃，在冗長的路途也沒有覺得疲倦。難能可貴的是她入了戲，聽信了我們強調的堅持就是一種成功，最後跟我一起走到了今天的終點，抵達員林時已經八點，這也是環島以來收工最晚的一天。

倘若為今天冠以最字，那今晚將是整個環島行程裡最後一個住宿在外的夜晚。按預計，明天，我將可以回到臺中，在起點的地方為這一段路劃上一個句點。

忽然就這樣要走到了盡頭，心中百感交集。想要儘快結束，因為每天背負十公斤重，承受筋骨酸痛，很多時候如同苦行僧。告別這種生活應該是喜悅的，卻又不捨得結束，因為這一段時間注定會成為一生中最精彩回憶的一部分；既知是如此美好的日子，當然希望可以更多地沈浸於此，這樣又有了感傷的理由。

這感覺像極了大學畢業，不得不揮別青春時光，與絢爛的年華說再見。倘若青春是一場春夢，可以讓人回味無窮的話，那徒步環島也算得上是一場春夢，當迴首往事的時候，這段行程的記憶一定是深刻的，會為它的美好而讚歎，卻也要為它的短暫而惋惜。

即便我尚沒有抵達終點，實現圓滿，但站在接近尾聲的時間點，我已經能夠確認，徒步環島臺灣，這是我在最好的年齡段做的最正確的事情。

這麼長 又那麼短

日期／2013.11.20
天氣／陰雲
腳程／33.60 km
路線／員林——東海大學
夜宿／東海大學學生宿舍

走出雙橡園大飯店，回望一眼，這觀感遠沒有名字氣派。如果讓不知情的大陸朋友見到我頻頻入住飯店，很容易會誤以為我這是在豪華遊。

在住宿的稱謂上兩岸總有些誤

解，飯店在大陸常常用來泛指餐飲場所，倘若是以住宿為主營，那很可能規格上要高出一等，再冠以大字，想必一定是派頭十足了。大陸對應的稱謂通常叫做酒店，可是酒店這個詞彙在臺灣被賦予了酒池肉林的情色味道，更應該被歸為娛樂業，而非旅館業。這一路上，我比較多住宿的除了民宿外，還有旅社，在火車站附近總能容易找到經營數十年，設施陳舊的旅社，它們作為因一日生活圈而失寵的犧牲品，價格一般比較便宜。可是旅社在大陸已經成為了一個過氣的稱謂，如同公安一樣，被遺落在了舊時代。這些年，快捷酒店逐漸淹沒賓館，在大陸的大小城市裡如野草般瘋長，如同臺灣的民宿一樣。在經營性質上，與民宿對應的應該是客棧，在大陸一些古城舊街的旅遊區比較多這種場所，它們多為個體經營，氣氛比較隨性。當然，較之大陸，臺灣的特色住宿除了民宿，還有汽車旅館。

前幾天，在臺東屏東的街頭路邊，可以看到參選人員的大幅宣傳海報，知道了縣市鄉鎮各種長的選舉大戰已經拉開了序幕。這在高雄、臺南和臺中還見不到，五都市長的選舉要等到明年才開始。倘若前一段時間只是靜態的，那這幾天已經被推進到了動態階段。今天一上路就看到沿街巡遊的車輛，上面掛著參選人的宣傳畫，有人站在車上拿著喇叭喊話。由於這是第一次見到這種選舉造勢陣仗，遂成了我眼中獨特的一

道趣景，遺憾的是他們很少得到路人的回應，淪落到和我一樣落寞。

沒想到，我的落寞很快中斷。三位熱心的媽媽級姊姊突然而至，她們蹲點等候，中途把我攔截。一番噓寒問暖後，跟我一起走完大度橋，護送我從彰化進入臺中。這是她們迎接我回歸的方式，給了我一個大大的驚喜。

進入臺中後，首先進入烏日區，結果歪打誤撞毫無防備地走到了成功嶺這個軍事基地，白底上的這三個豔麗紅字，在那一刻看來有了更多重的意義。倘若徒步環島臺灣是一個挑戰，那在這場戰鬥中，今天就是我成功的日子。這個白色大門這三個紅色大字承載了臺灣一九八〇年代以前出生的男大學生的記憶，也成了我的美好印記。

進入市區後，與臺北下來的許兄會

合。他是大陸媒體的駐臺記者，在著手做一部陸生專題的紀錄片，我成了他鏡頭中的一個人選。他前前後後已經跟拍過我三次，而且幾乎都是扛著攝像機跟我一起走完了當天全程，實屬不易，今天特地過來記錄終點，因為這是一個里程碑的時刻。無論如何都得感謝不辭辛勞的他：往冠冕堂皇上講，他投身於兩岸的橋梁工作，可以讓更多的人瞭解和關注陸生這個群體；往蠅頭小利上講，他用鏡頭記錄了我的動態足跡，當我回首這一段經歷的時候，它可以更真切更絢麗。

走到學校門口，遠遠就見到研究所的同學已經在等候，每人送上一個擁抱，那一刻，在這裡我有了一股家的溫暖。我不在校園的這些日子，這些同學一直在用各種方式支持和幫助著我，正是他們的存在讓我對東海大學有了更深的歸屬感。

成 功 嶺

之前，婉拒了一些狂歡的邀請，我沒有為今晚預先安排任何活動，我覺得我需要一份獨處的安靜。告別了同學之後，我立在學校門口，這是五十一天前的起點，呆呆地望著臺中港路三段與東大路一段交叉口的路標，心中感慨萬千，恍若隔世。這一圈，走路四十二天，被迫中止耗掉四天，中途歇腳停頓五天，前前後後一共五十一天，這麼長，又那麼短。

就這樣，為這段路畫上了終點，心中滿腔的興奮與感傷，有些無處釋放。沒有徑直回宿舍，走到了路思義教堂旁，坐在我以前時常一個人坐的位置，望著靜謐的校園，想要仰天大笑，卻又想掩面大哭。

這所有的辛酸苦楚與精彩絢麗都已成了過去，定格成回憶，而這段經歷在我有限生命裡，也將無法被複製，以及很難被超越。

後記

起點臺中　終點臺中

這段時間我歸隱在校園，比起環島路上奔波與疲憊，現在完全是切換了節奏，像是生活在了另一個世界，每天，看看書寫寫字散散步聊聊天，偶爾上上課，過著風輕雲淡的生活。雖然環島結束只有兩周，並不是太久遠，卻像是自己的前世一樣。那五十天，就像是一場夢境，而夢裡夢外是兩個時空，僅一步之遙，卻又萬里之遠。

歸來後，我會頻頻面臨一個問題，就是徒步環島的意義。我借用一句話可以回答這個問題：「人類最沒有意思的事情就是追求意義；人類最有意義的事就是把各自的人生變得有意思。」很多時候，我不過是想著帶著年輕的朝氣與義無反顧的勇氣把自己的人生變得有意思些而已。

環島遠不止是一場旅行，它更像是一場修行。這期間，要不斷地面對與孤獨的抗爭，與疲憊的博弈。而一個人在途中，會有充足的時間讓腦袋去天馬行空，有對未來的預想，有對過去的反思，自己與自己在內心深處會情不自禁地對話。某一瞬間會大笑不已，因為覺得發現了一個新的自己。而很可能第二天，就否定了昨天的那個自己，然後嘲笑他真是傻逼。起初會抱怨渾身酸痛與嫌棄背包太重，後來轉換了思維，把傷痛與負重當作自己身體的一部分，結果自己把自己洗腦成功，當麻木以後，負面情緒也便煙消雲散。就像這樣，很多時候一系列的現實會把自己變成一個哲人，看淡很多問題，悟出很多道理。

倘若要為徒步環島選取一個關鍵詞的話，我覺得應該是堅持，因為堅持到最後成功就會水到渠成。我慶幸我用腳堅持到了最後，同時我也慶幸用手堅持到了最後。白天，疲於奔波，到了晚上，人困馬乏，卻要強迫自己寫下當天日誌。一些時候，文思枯竭，難以下筆，這會催生一種很強抗拒感，想要擱置它，然而每一次經過痛苦掙扎後，最終還是硬生生逼自己完成任務，只是完稿後時間已經到了半夜三更；一些時候，過於睏倦，寫著寫著便進入了睡眠狀態，於是，第二天一早要迫使自己提前起床去續寫未完成的部分。不誇張地講，某些瞬間，我都被自己感動到了。倘若徒步環島成功稱得上是一種榮耀，那我可以自以為是地說我獲得了雙重榮耀。在環島的同時，可以做到每天更新一篇日誌，在走到終點的時候，便幾乎促成了一本書，這對我而言同樣是一種榮耀。第二個堅持所為我帶來的隱痛，不亞於第一個，這點我心知肚明，這也可能只有我才能貼切體會到。

環島是有缺憾的，即便我選擇了最慢節奏最接地氣的方式，可是依舊無法深入到這個社會，它並不像我當初的預想一樣。雖說，我沿著臺灣走了一圈，足跡踏過了很多城鄉，但是我並沒能深入其間，很多時候陷入到此一遊的窘況。白天在趕路，晚上疲憊不堪，雖然在很多地方夜宿過，但並沒有富餘的時間和體力穿街走巷，以及結識更多的在地民眾，路過以後對一些地方仍然知之甚少。當然，這一圈下來，我確實有深入了解了臺灣，但是這只是相對的，這種深入得益於我的淺薄，因為在此之前我作為一個外人對臺灣很多地方的了解度趨近於零。

對於目前這個深度，我是不滿意的，所以我要彌補這個缺失，為此我有了個新的想法，想要寫一本新書，這是在環島路上忽然閃現的靈感。人永遠是社會的核心，也是深度了解的便捷窗口，我需要更多地與人的接觸。臺灣有十七個縣市，五個直轄市，我希望可以在這二十二個地方尋找到二十二個不同背景的人，他們願意當作我的約訪對象。鎖定人選後，我將會集中一段時間，再一次走遍臺灣，踏訪每一個地方，走近他們的生活，他們的家庭，了解他們的生平與世界，以及他們眼中的臺灣與大陸，後面會用文字將每一個他呈現，彙集成一本書。他們每一個人都將成為臺灣社會的標本，通過不一樣的他們，一定可以對這個社會有著更深度與更真實的認知。這會有些理想主義的色彩，落實起來難度應該不小，但是我還是願意去嘗試。這是我想要做的，也應該是很多熱愛這塊土地的人想要做的，所以我想這本預先勾勒的書有它存在的意義。

這樣我也將變相實現再一次環島，但這應該不會是最後一次，我希望多年以後，在年過半百的時候，可以再來一次環島，成為一個徒步版的不老騎士。

直到前幾天，我才合算出這一圈究竟走了多少路，從起點到終點，從臺中到臺中，耗時51天，腳程1155.03公里，這兩個數據從此在我生命中不再只是枯燥的數字，而具備了非凡的意義。

寫於2013年12月04日

謝誌

在出發前，我知道這是一個收獲之旅，對此深信不疑。而我也明白，這會是一場負債之行，因為一路下來，不知道要欠下多少人多少次人情。要感謝的人太多了，所以，與之前幾本書不同，這一次我需要在後記之外單獨開一篇作為謝誌。

在出發前一天，研究所的同學林非往我手心塞了一張紙，上面寫滿了他在臺灣各個縣市的親人名字，以及聯繫電話。叮囑我說，如果在相應的地方遇到難題可以找這上面的人尋求幫助。那一刻起，我挺沈重，因為覺得這一路上我將要欠下太多人情，會濃重到讓我無以回報。

是的，接下來的恩惠洶湧而來，甚至讓我應接不暇。就在第一天，高美溼地旁邊店鋪的一位大爺以及他的兩位友人，招待我好吃好喝，而且免費；晚上來探訪我的九二一，在整個行程中都給予我持續不斷的幫助。而在寺廟旁邊居住的大姐，慷慨贈予了我她的私藏治療筋骨傷痛的藥品。在頭份遭竊當天，遠嵐及其家父用熱情幫助我化解了心頭的冰冷，而善心的傳姐更是要給我提供經濟上支援，想要以此彌補我的損失。從跌倒的地方再次出發，葉大哥專程從台中載我再次回到頭份，後面在花蓮，葉兄也特意趕來陪伴。在臺北，cy姐與清水兄等人盛情款待，讓我受寵若驚：前者給我送來亮色衝鋒衣以及螢光貼紙，以便在暗處行進可起到警示作用；後者則留宿我且與我徹夜詳談蘇花公路的歷史與路況，告訴我注意事項。在澳底國小，門衛大爺拖著不是很便利的腿幫我打開了舞蹈教室讓我借宿；在壽豐國小，一位大姐幫忙安排住處，並在臨走前放下了一份削好的蘋果。在秀林，賽德克文史工作室的田老師；在旭海，旭海學堂的潘姐；在東港，騎跡之家的賴大哥；在斗六，路德教會的牧師，均無償提供了住宿和餐點。在墾丁，來自成都的觀光客胡蘋果和孫橙子與許兄、阿智還有我臨時組成了一個狂歡小分隊，在入秋的時節盡享了一個完美的盛夏。阿智是在整個環島途中出場最久的人，我徒步環島的戰友，前前後後斷斷續續一起走了一周多。許兄出現過四次，作為大陸的駐臺記者，他間歇性跟隨著我拍紀錄片，不僅陪我打發掉不少枯燥的時間，更帶來了樂趣。這些人都是我需要感恩的。

除了以上這些，還有更多的人。譬如，在玉里便利店內，微笑著給我遞來一只飲料的姑娘，為我加油鼓勵。譬如，擔心我再遭受意外半途中忽然打電話過來建議我不要再住宿國小的校長夫人，告訴我說如果缺少住宿費的話她可以轉賬過來給我。譬如，在蘇花公路上，由於耗水量過大，向路人尋求補水時，執意塞上很多瓶純淨水的夫婦，即便接著走下去背著這些過剩的水很辛苦。

每一個大拇指，每一次指引，每一次微笑，每一句加油，都值得我銘記以及感恩。如果要把所有值得感謝的人都一一羅列，很可能這篇文的長度將要夠一本書。所以，就不一一道出了。

在頭份失竊一事經媒體報導後，我的徒步環島行程在網絡上得到更多的人關注，很多人在臉書專頁上留言，願意在沿途為我提供便利，我雖然沒有接受，但是對於這些素未謀面的人，我依舊需要表達謝意。

我雖不願承認臺灣最美的風景是人，但這些人的出現著實讓台灣更美好。

寫於2014年3月8日

國家圖書館出版品預行編目（CIP）資料

陸人甲路人乙 / 劉二囍作. -- 初版. -- 臺北市：信實文化行銷, 2014.03
面；　公分. --（What's Travel；6）
ISBN 978-986-5767-16-7（平裝）

1. 臺灣遊記

733.69　　103003211

What's Travel006
陸人甲・路人乙
作者　劉二囍
總編輯　許汝紘
副總編輯　楊文玄
美術編輯　楊詠棠
行銷經理　吳京霖
發行　許麗雪
出版　信實文化行銷有限公司
地址　台北市大安區忠孝東路四段 341 號 11 樓之三
電話　（02）2740-3939
傳真　（02）2777-1413
www.wretch.cc/ blog/ cultuspeak
http://www. cultuspeak.com.tw
E-Mail：cultuspeak@cultuspeak.com.tw
劃撥帳號　50040687 信實文化行銷有限公司

印刷　彩之坊科技股份有限公司
地址　新北市中和區中山路二段 323 號
電話　（02）2243-3233

總經銷：聯合發行股份有限公司
地址　新北市新店區寶橋路 235 巷 6 弄 6 號 2 樓
電話　（02）2917-8022

2014 年 3 月 初版
定價　新台幣 320 元